열려라! 꽃나라

차윤정 지음

열려라! 꽃나라

생명을 사랑하는 어린이 문고 ❹
열려라! 꽃나라

초판 1쇄 발행일 2003년 1월 30일
초판 7쇄 발행일 2016년 4월 25일

지은이 차윤정
펴낸이 이원중

펴낸곳 지성사 **출판등록일** 1993년 12월 9일 **등록번호** 제10-916호
주소 (03408) 서울시 은평구 진흥로1길 4(역촌동 42-13) 2층
전화 (02) 335-5494 **팩스** (02) 335-5496
홈페이지 지성사.한국 | www.jisungsa.co.kr **이메일** jisungsa@hanmail.net

ⓒ 차윤정, 2003

ISBN 978-89-7889-085-4 (74480)
ISBN 978-89-7889-058-8 (세트)

잘못된 책은 바꾸어드립니다. 책값은 뒤표지에 있습니다.

여러분은 꽃이랍니다

우리는 어딜 가나 꽃을 만날 수 있습니다. 산에도 들에도 정원에도, 길가의 화단에도 꽃이 있습니다. 맛있는 케이크를 담아 내는 접시에도, 주스 잔에도, 제일 아끼는 원피스에도, 가방에도, 무엇보다 여러분의 소중한 순간을 담고 있는 사진에도 꽃이 들어 있습니다. 또 놀이동산에서는 계절에 맞추어 다양한 꽃 축제를 벌이기도 합니다. 이처럼 우리의 생활 곳곳에서 꽃을 볼 수 있습니다.

꽃이라고 쉽게 이야기하지만 그 종류는 식물의 종류만큼이나 다양하여 이루 헤아릴 수 없습니다. 또한 제각각의 모양을 지니고 있어서 우리는 더욱 다양한 기쁨을 가질 수 있습니다. 꽃에서 나는 아름다운 향기, 아름다운 색깔, 아름다운 자태는 사람들을 매우 행복하게 만들지요.

그렇다면 이제 한 번쯤은 궁금증을 가져 보는 것도 좋지 않을까요? 꽃은 언제 생겨났을까, 꽃은 왜 생겨났을까, 꽃은 어떻게 생겼을까? 여러분이 제일 좋아하는 꽃을 한번 떠올려 보세요. 꽃잎은 어떤 모양을 하고 있나요? 꽃잎의 수는? 꽃받침은? 꽃 색깔은? 그걸 자세히 그림으로 표현할 수 있을까요?

우리는 이제까지 꽃이 아름답다는 생각만으로 그냥 보아 왔습니다. 그래서 누구에게나 꽃을 그려 보라고 하면 둥근 꽃잎 다섯 장이 빙 둘러 나 있거나 튤립처럼 꽃잎이 종 모양으로 되어 있는 모습만을

그리곤 합니다. 하지만 그것이 전부일까요?

　초록의 무성한 식물들이 지금과 같은 모습을 갖추기 시작한 것은 고생대 시대로, 지구가 탄생한 지 무려 40억 년 이상의 시간이 지난 후였습니다. 그리고 또다시 꽃이 만들어지기까지 무려 5억 년 이상의 시간이 흘러야 했지요. 그로부터 꽃의 아름다움을 감상할 사람이 태어난 것은 1억 5천만 년 이후의 일이었습니다. 그러니 꽃의 역사는 사람의 역사보다 훨씬 이전으로 거슬러 올라갑니다. 사람이 태어났을 때 지구는 이미 다양한 꽃들로 가득 차 매우 아름다웠던 것입니다.

　꽃은 식물의 씨앗을 만드는 기관입니다. 꽃이 없이는 식물들은 씨앗을 만들 수 없으며, 그래서 우리와 만나지도 못하고 사라진 식물도 있을 것입니다. 꽃은 식물에게 제일 중요한 기관입니다. 지구상의 대부분의 사람들은 꽃을 좋아합니다. 물론 곤충이나 동물도 꽃을 매우 좋아합니다. 그것은 바로 꽃이 만들어 내는 씨앗과 맛난 열매, 꿀 등을 기억하기 때문입니다.

　식물이라고 해서 꽃을 마음대로 피우지는 않습니다. 초록의 잎과 달리 꽃의 아름다운 색이나 향기, 꿀은 매우 귀한 물질로 이루어져 있거든요. 그래서 식물들은 꽃을 알맞은 때에 알맞게 피우기 위해 무척 애를 씁니다. 식물마다 꽃의 모양이나 피어나는 시기가 서로

다른 것도 이 때문입니다.

　꽃의 아름다움을 진실로 느끼기 위해서는 꽃을 잘 알아야 합니다. 모든 것은 아는 만큼 보인다고 했습니다. 꽃을 알고 나면 여러분은 꽃에게서 아름다움뿐만 아니라 감동도 느낄 수 있을 것입니다.

　자, 이제 여러분은 꽃밭에 막 들어서려 합니다. 무척이나 황홀하겠지요. 꽃은 사람들이나 곤충들에게 아름답게 보이기 위해 발전하고 진화해 왔습니다. 여러분이 꽃의 아름다움을 진정으로 느낄 수 있다면 꽃들은 무척이나 행복할 것입니다. 아니, 그 누구보다 여러분 자신이 가장 행복할 것입니다.

　저도 이 꽃나라를 만드는 동안 무척 행복했습니다. 징그럽거나 무서운 이야기 대신에 이처럼 아름답고 황홀한 이야기를 쓸 수 있어 얼마나 행운인지. 꽃나라에 나오는 꽃천사는 저의 사랑스런 딸을 생각하면서 꾸몄습니다. 천방지축 붕붕이는 저의 아들을 생각했습니다. 꽃나라를 가득 메우고 있는 다양한 꽃들은 바로 여러분들을 상상했지요. 여러분은 모두 아름다운 꽃들이랍니다.

2003년 1월　지은이 차윤정

여러분은 꽃이랍니다 **5**

제1편 꽃이 아름다운 이유 14

제2편 꽃잎을 살펴보아요 20

    꽃잎이 없어요 **20**

    꽃잎이 있어요 **29**

    꽃은 어떻게 생겼을까요 **31**

    꽃잎이 낱장으로 갈라져 있어요 **35**

    꽃잎이 통으로 이루어져 있어요 **51**

    꽃잎이 꽃받침으로 변했어요 **59**

제3편 꽃이 피어나는 차례를 살펴보아요 68

    하나의 꽃대에 하나의 꽃이 달려요 : 단정꽃차례 **72**

    하나의 꽃대에 셀 수 없이 모여 피어요 : 두상꽃차례 **73**

    하나의 꽃대에 마치 이삭처럼 여러 송이의 꽃이
              바싹 붙어 피었어요 : 수상꽃차례 **75**

    꽃줄기가 멋지게 자라 있어요 : 총상꽃차례 **76**

    총상꽃차례로 멋을 부려요 : 원추꽃차례 **77**

우산 모양의 꽃무리예요 : 산형꽃차례 **78**

꽃방석이 만들어졌어요 : 산방꽃차례 **79**

우산과 방석으로 멋을 부려요 : 복산형꽃차례/복산방꽃차례 **80**

꼬리처럼 길게 늘어져 있어요 : 꼬리꽃차례 **81**

제4편 꽃의 사랑 86

꽃잎 속에 비밀이 숨어 있어요 : 암술과 수술 **86**

꽃가루를 받아야 해요 **99**

바람에 실려 가요 : 풍매화 **103**

곤충에게 부탁해 : 충매화 **106**

시냇물을 타고 흘러흘러 : 수매화 **128**

금지된 사랑 **131**

사랑을 완성해요 **134**

제5편 씨앗이 달렸어요 144

열매와 씨앗은 어떻게 다른가요 **149**

씨앗을 멀리 보내야 해요 **154**

씨앗에 날개옷을 입혀요 **156**

멀리뛰기를 해요 **157**

슬쩍, 실례해요 **158**

맛있는 열매를 만들어요 **159**

제6편 꽃달력을 만들어요 162

꽃이 피기 위한 조건 **165**

낮과 밤의 길이를 알아야 해요 **170**

꽃잎이 운동을 해요 **172**

꽃시계도 있어요 **177**

끝인사 **178**

찾아보기 **181**

꽃잎은 없지만 우리도 꽃이라구요 **28**

위대한 목련, 지구상에서 최초로 꽃잎을 만들다 **33**

같은 꽃잎 수를 가진 꽃을 찾아 그려 보아요 **37**

그 많은 꽃 이름을 어떻게 알 수 있을까요? **58**

꽃 표본을 만들어요 **65**

국화꽃의 슬픈 사연 **74**

꽃왕관을 만들어요 **84**

꽃을 말려요 **85**

꽃색환을 만들어 보아요 **110**

강한 향기로 곤충을 유혹하는 꽃들 **116**

포푸리를 만들어요 **117**

꽃 속의 꿀과 벌꿀은 같은 걸까요? **123**

새들은 무슨 색을 좋아할까요? **126**

제꽃가루받이를 피하는 방법 **132**

꽃가루의 신비 **138**

꽃잎차를 마셔요 **143**

대나무는 풀일까요, 나무일까요? **166**

추억의 화판을 만들어요 **180**

여러분~ 꽃나라에 오신 걸 환영해요. 저는 여러분을 흥미진진한 꽃의 세계로 안내할 도우미 꽃천사랍니다. 여러분은 꽃을 좋아하세요? 생각만 해도 행복한 기분이 들지 않나요? 아름다운 꽃잎, 향기로운 냄새, 탐스런 열매…… 저와 함께 꽃나라를 여행하고 나면 여러분은 지금보다 더 많은 즐거움과 행복을 느낄 수 있을 거예요. 아는 만큼 보인다고 하잖아요. 그럼 자, 출발해 볼까요?

잠깐, 꽃천사님. 제 소개는요?
어머, 미안해! 깜빡 잊을 뻔했네.

여러분, 저를 도와 줄 친구를 소개할게요. '꽃' 하면 제일 먼저 생각나는 것이 무엇이 있을까요? 맞아요. 벌과 나비죠. 사실 나비에게 먼저 부탁을 해 봤는데요, 나비는 너무 수줍어서 여러분 앞에 나서는 것을 망설이더군요. 그래서 약간 걱정이 되기는 하지만 벌을 제 파트너로 결정했어요. 여러분, 제 친구 붕붕이를 소개할게요.

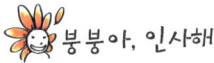 붕붕아, 인사해.

여러분, 반가워요. 저는 맛있는 꽃을 많이 알고 있어요. 여러분들이 좋아하는 곰돌이 '푸'도 제가 꿀을 따지 않으면 곤란을 겪게 될 거예요. 지금 막 저 언덕…….

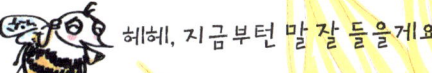 붕붕아, 기다려. 차근차근 시작해야지. 내 이럴 줄 알았다니깐.

헤헤, 지금부턴 말 잘 들을게요.

제1편

꽃이 아름다운 이유

 붕붕아, 왜 식물이 꽃을 피우는지 그 이유를 생각해 본 적 있니?

 그야 뭐, 절 사랑하기 때문이죠. 헤헤.

여러분은 정원의 꽃이 어디서 왔는지 알고 있나요? 꽃시장에서 왔다고요? 그럴 수도 있겠네요. 그러면 저에게도 예쁜 꽃을 나누어 주세요. 그런데 방법을 잘 모르겠다고요?

그러면 제가 조금 기다리기로 할게요. 꽃이 지고 나면 씨앗이 열리잖아요. 그러니까 여러분은 제게 그 꽃씨를 나누어 주면 되는 거예요. 씨앗 속에는 꽃의 미래가 들어 있으니까요.

이 세상의 모든 꽃들은 씨앗으로부터 시작한답니다. 씨앗이 없었다면 이 세상에 태어나지도 못했을 거예요.

여기를 보세요. 배나무의 배꽃이 시드는 자리에 작은 배가 달려 있네요. 꽃이 지고 나니 열매가 달리는군요. 그럼 열매 속에는 무엇이 있을까요? 맞아요, 배씨가 있습니다. 그렇군요. 포도알 속에는 포도씨가 있고, 참외 속에는 참외씨가 있어요. 물론 수박씨도 우리를 성가시게 하지요. 이렇게 맛난 과일 속에는 씨앗이 들어 있답니다.

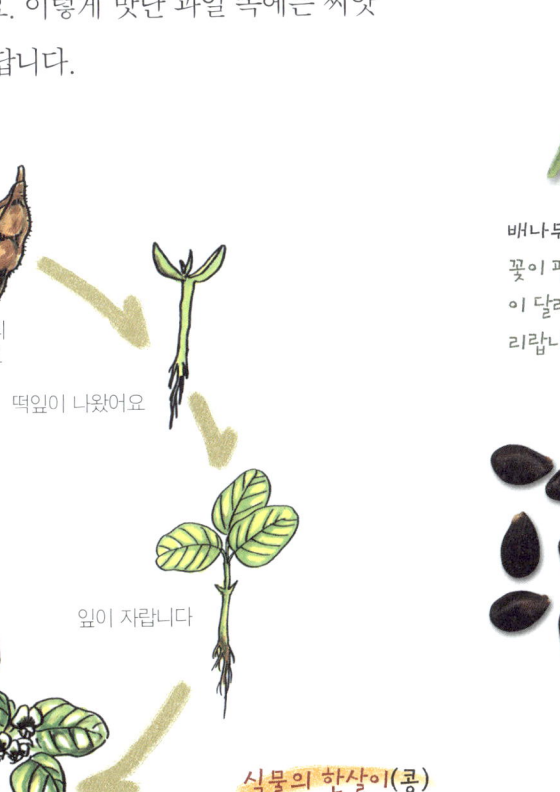

식물의 한살이(콩)

배나무[장미과]
꽃이 핀 자리에 달리는 열매. 열매나 씨앗이 달리는 곳은 바로 전까지 꽃이 있던 자리랍니다.

배의 씨앗들

상수리나무의 도토리들

저기 상수리나무를 보세요. 참으로 듬직하지요. 아주 오래 살기도 해요. 그런데 저 나무는 도토리에서 나왔습니다. 상수리나무에서 열렸던 도토리를 심어 보면 분명히 알 수 있지요.

이제 알 것 같습니다. 모든 식물은 씨앗을 만들어야 한다는 것을요. 그래야 자신이 죽어도 후손들이 가문을 이어 갈 테니까요.

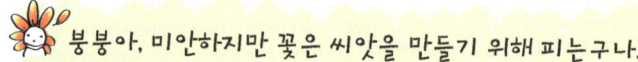

붕붕아, 미안하지만 꽃은 씨앗을 만들기 위해 피는구나.

과일씨들을 그려 보아요!

상수리나무[참나무과]

여러분이 알아보지 못하는 가운데 모든 식물이 꽃을 피웁니다. 벌레를 잡아먹는 무시무시한 식물들도 아름다운 꽃을 피웁니다. 여러분은 사막에 피는 선인장의 꽃을 본 적이 있나요? 가시투성이의 줄기에서 피어나는 부드러운 꽃잎에 혹시 감동하지 않았나요?

　꽃은 식물이 후손을 남길 수 있는 가장 중요한 번식 수단입니다. 꽃이 피어야만 씨앗을 만들 수 있으니까요. 가문의 대를 이어 주는 씨앗의 중요성은 새삼 말할 필요

게발선인장[선인장과]

선인장과 다육식물들의 꽃.
가시투성이의 선인장 줄기
에서도 예쁜 꽃이 피어나요.

도 없을 것입니다. 그래서 많은 식물들은 씨앗을 만드는 데 온 힘을 기울여야 했습니다. 그리고 가장 완벽한 꽃을 만들기 위해 식물들은 제 나름대로 최대한의 정성을 들였습니다.

이제부터 여러분은 저와 함께 꽃의 모든 것을 알아볼 거예요. 왜 그토록 아름다운 꽃잎을 피우는지, 향기는 왜 만드는지, 붕붕이 좋은 일 시키는 꿀은 왜 만드는지…… 꽃에 대한 모든 것을 알아 보도록 해요. 꽃의 진실을 알게 되면 아마 여러분은 진짜 꽃이 아름다운 이유를 알게 될 것입니다.

벌레를 잡아먹는 식충식물, 드로세라 카펜시스

제2편

꽃잎을 살펴보아요

꽃잎이 없어요

 아이, 징그러워. 어디서 이렇게 큰 벌레들이 날아온 거야? 누가 이것 좀 치워 줘.

이게 무슨 소란일까요? 개나리가 뭔가 큰일을 당한 모양입니다. 한번 달려가 보도록 해요.

 개나리야, 무슨 일인데 그러니? 아직 잠을 자고 있는 친구들이 놀라겠구나.

 벌레예요, 꽃천사님. 저는 벌레는 딱 질색이거든요. 더구나 저렇게 큰 벌레는 이 세상에서 제일 무서워요.

어디, 어디 좀 보자구. 걱정하지 마. 저건 벌레가 아니고 사시나무의 꽃이야. 그러고 보니 우리 모두 꽃밭에 있는 셈이네. 발 밑을 봐. 꽃들이 널려 있잖아. 그래, 저건 사시나무의 꽃이야.

꽃이라고요? 저렇게 징그러운 게? 이건 꽃의 수치야.

사시나무의 가지에는 정말 꼬리 같기도 하고 벌레 같기도 한 것들이 주렁주렁 달려 있습니다. 바람이 살랑살랑 불 때는 꼬리에서 노오란 가루가 쏟아집니다.

먼저 꽃의 역사부터 이야기해야겠군요. 여러분도 개나리와 비슷한 경험을 한 적이 있을 거예요. 벌레같이 징그럽게 생긴 것들이 봄이면 땅 위로 떨어져 있는 것을 본 적이 있을 겁니다. 하지만 자세히 보면 분명 벌레는 아니지요.

여러분 주위에 있는 큰 사시나무를 한번 떠올려 보세요. 이른 봄 이파리가 막 달릴 때쯤 꼬리같이 길게 생긴 무엇이 줄기마다 늘어져 있던 광경을 기억할 수 있을까요? 그게 바로 사시나무의 꽃이랍니다. 화려하고 예쁘지는 않지만 분명 꽃이지요. 사실 따지고 보면 이 사시나무의 꽃도 개나리꽃의 먼 선조랍니다. 물론 개나리는 쉽게 동의하지 않겠지만요.

여러분은 은행을 좋아하나요? 투명한 연두색의 열매를 살짝 볶으면 쫀득쫀득한 맛이 아주 일품이지요. 예부터 은행은 귀한

은행나무의 은행　　　소나무의 솔방울　　　신갈나무의 도토리

음식에 쓰이는 재료였어요. 그런데 은행은 어떻게 열릴 수 있었을까요? 혹시 은행나무의 꽃을 본 기억이 있나요? 그럼 소나무는 어때요? 솔방울은 기억하겠는데 꽃은 잘 기억이 안 나지요? 도토리는요?

그래요, 모두 열매나 씨앗이 있군요. 그런데 여러분은 꽃은 기억할 수 없다는 말이죠? 그러면 하나의 공통점이 생겼네요. 나무들이 씨앗을 만든 걸 보니 꽃을 피운 건 분명한데, 여러분이 쉽게 알아보지 못하는 꽃을 피웠다는 점입니다.

우리가 흔히 꽃이라고 부르는 것은 아름다운 꽃잎을 가지고 있지요. 그래서 우리는 꽃잎을 보고 이게 꽃이구나 하고 아는 것입니다. 꽃잎은 분명히 초록의 이파리와 구분되는 색과 모양이 있어 쉽게 눈에 띕니다. 그런데 소나무나 은행나무, 사시나무, 신갈나무의 꽃을 우리가 알아보지 못하는 걸 보면 꽃잎에 뭔가 문제가 있는 것 같습니다. 여러분만이 아닐 거예요. 붕붕이도 아마 소나무가 꽃을 피우리라고는 생각조차 못 할 걸요.

소나무, 은행나무, 사시나무, 신갈나무 등은 아주 오래 전에 지구에 등장하였습니다. 이 때의 지구는 식물의 종류가 그다지 많지 않았어요. 물론 우리 붕붕이나 나비와 같은 곤충도 거의 없었답니다. 그래서 나무들은 대부분 아주 단순한 꽃을 만들었습니다. 생김새는 조금씩 다르지만 공통적으로 꽃잎이 없는 아주 단순하게 생긴 꽃이었어요.

🌱 피, 꽃잎이 없는데 무슨 꽃이에요?

🌻 글쎄, 꽃의 가장 큰 임무는 씨앗을 만드는 거니까 비록 꽃잎이 없더라도 씨앗을 만들면 꽃이라고 보아야 하지 않을까?

🌱 저는 예쁜 꽃잎이 없으면 차라리 시들어 버릴 거예요.

🌻 중요한 건 겉모습이 아니라 성실하게 자기의 임무를 다하는 것이란다.

그런데 은행나무와 소나무는 두 가지의 꽃을 피운답니다. 바로 암꽃과 수꽃이지요. 꽃에도 남자와 여자가 있다니 놀랍지 않아요?

수꽃에서는 꽃가루가 만들어지고 암꽃에는 알세포가 있습니다. 마치 엄마의 알세포(난자)가 아빠의 정자와 만나 여러분이 태어난 것처럼, 암꽃의 알세포가 수꽃의 꽃가루를 만나 씨앗이 만들어지는

소나무[소나무과]
소나무는 한 나무에서 암꽃과 수꽃이 같이 핍니다. 빨간 게 암꽃이고 노란 게 수꽃이지요.

거지요. 그런데 은행나무나 소나무의 알세포가 들어 있는 밑씨는 아무런 보호 장치도 없이 공기 중에 그대로 노출되어 있습니다. 그래서 이들 나무를 '겉씨식물'이라 하지요. 씨앗이 겉으로 드러나 있다는 뜻이랍니다.

그런데 똑같이 암꽃과 수꽃을 피우긴 하지만 은행나무와 소나무가 조금 달라요. 은행나무는 암나무와 수나무가 따로 있어서 암나무에서는 암꽃만, 수나무에서는 수꽃만 핀답니다. 마치 사람처럼 남자와 여자로 나뉘어 있는 거지요. 하지만 소나무는 한 나무에서 암꽃과 수꽃이 같이 핀답니다. 여러분은 잘 이해가 안 가실지 모르지만 자연계에는 이렇게 암수 한 몸인 생물이 참 많답니다.

은행나무[은행나무과]의 수꽃(왼쪽)과 암꽃(오른쪽)

사진 · 윤주복

자, 이제는 신갈나무의 꽃을 살펴볼까요. 사실 신갈나무는 은행나무나 소나무에 견주면 아주 획기적인 변화를 이루어 냈답니다. 암꽃과 수꽃이 구분되어 있기는 마찬가지지만 암꽃의 구조가 소나무나 은행나무와는 완전히 다르거든요. 또 신갈나무의 꽃에 꽃잎이 없는 것은 꽃잎이 퇴화했기 때문입니다.

신갈나무나 사시나무의 암꽃에는 밑씨를 품는 방(씨방)이 따로 있습니다. 말 그대로 '씨앗의 방'이라는 뜻이죠. 이렇게 씨앗이 씨방 속에 들어 있는 식물을 '속씨식물'이라 합니다.

신갈나무의 수꽃(위)과 암꽃(왼쪽)

겉씨식물과 속씨식물

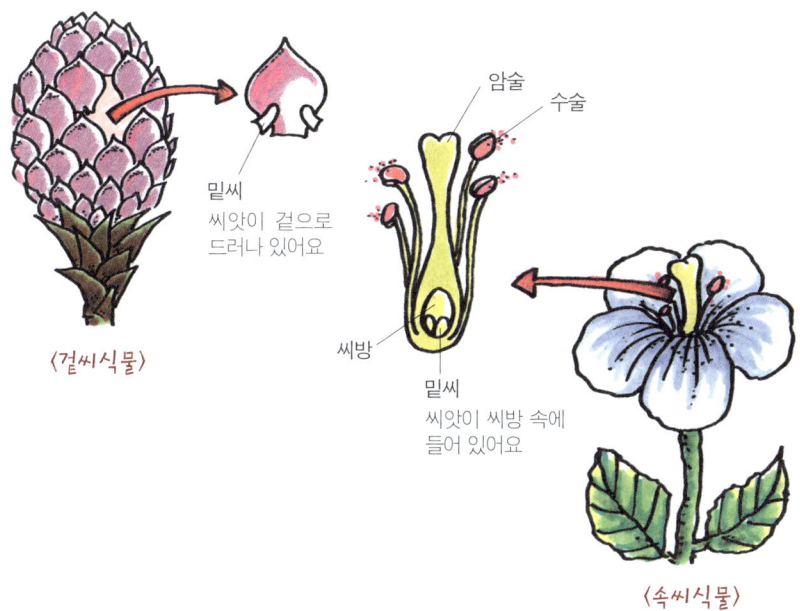

〈겉씨식물〉
밑씨
씨앗이 겉으로 드러나 있어요

암술
수술
씨방
밑씨
씨앗이 씨방 속에 들어 있어요

〈속씨식물〉

개나리님, 무슨 일인가요?

그것 보세요. 항상 벌은 사시나무 다음에야 나타나는 거예요. 사시나무가 태어나기 전에는 지구상에 곤충도 별로 없었답니다.

뭐야, 또 사시나무 얘기야? 우리 엄마는 늘 말씀하셨어. 사시나무와 같은 나무의 꽃에는 꿀이 없으니 갈 필요가 없다고 말이야. 난 또 뭐 신나는 일인가 했더니.

꽃잎은 없지만 우리도 꽃이라구요

구상나무〔소나무과〕 수꽃

사방오리〔자작나무과〕 수꽃

서어나무〔자작나무과〕 암꽃

황철나무〔버드나무과〕 수꽃

계수나무〔계수나무과〕 수꽃

가시나무〔참나무과〕 수꽃

꽃잎이 있어요

봄이 되니 꽃들이 앞다투어 피어나기 시작합니다. 겨울 동안 굶주림에 시달렸던 온갖 곤충들이 그 기다림의 달콤한 보상을 받을 수 있게 되어 다행이네요. 붕붕이도 얼굴이 제법 통통하게 살이 오르기 시작했어요.

붕붕이는 오늘도 꽃을 찾아 정신이 없군요. 제 임무를 잊어버린 것 같아요.

🌼 붕붕아, 친구들이 기다리잖아. 이제 진짜 꽃 이야기를 해야지. 근데, 네가 지금 갔다 온 꽃이 무슨 꽃인지 아니?

🐝 물론이죠. 저를 뭘로 보시는 거예요? 오~ 내 사랑 목련화야~.

🌼 야, 제법인데.

🐝 우리 엄마가 그러시는데요, 목련은 정말 훌륭한 꽃이래요. 목련이 지금의 꽃을 발명하지 않았다면 지금 우리가 보는 이 예쁜 꽃들은 이 세상에 태어나지도 못했을 거래요. 목련은 다른 식물들이 꽃잎을 만들 생각을 하지 못하고 있을 때 처음으로 꽃잎을 만들 생각을 해낸 선구자라고 하셨어요.

🌼 야, 붕붕. 너 시작이 아주 좋은데. 그래, 맞는 말이야. 목련은 참으로 획기적인 발명을 해낸 대단한 꽃이지.

목련[목련과]

여러분, 이제 진짜 꽃 이야기를 시작해야겠네요.

오랫동안 꽃잎이 없는 꽃을 피우는 나무들이 지구의 식물 가족을 이끌어 갔습니다. 그런데 시간이 흐를수록 지구상에는 수많은 새로운 식물들이 나타나기 시작했어요. 그래서 식물들은 그 많은 식물들 가운데 자신이 구분될 수 있는 특별한 장치를 만들어야만 했습니다. 자신만의 독특한 표시를 가지기 위해 집중적으로 꽃을 발달시키기 시작한 거죠. 왜냐하면 꽃은 씨앗을 만드는 제일 중요한 기관이거든요. 이미 잎의 모양은 선조들이 최상의 조건으로 거의 개발을 마친 단계였습니다.

이러한 노력으로 드디어 우리가 진정한 꽃이라 부르는, 꽃잎을 가진 꽃을 피우는 식물이 나타나게 된 것입니다. 때마침 지구상에는 곤충의 종류가 폭발적으로 늘어나 꽃의 발달을 부추겼습니다. 씨앗을 만드는 데는 곤충도 중요한 역할을 하기 때문이죠. 곤충과 꽃의 관계는 뒤에 자세히 알아 보도록 해요.

꽃은 어떻게 생겼을까요

그런데 꽃이라고 해서 아무것이나 닥치는 대로 가져다가 마구 마구 장식할 수는 없어요. 그러다가 중요한 것을 빼먹으면 곤란하지요.

꽃은 아무리 모양이 요란하고 색깔이 화려해도 반드시 갖추어야 할 것이 몇 가지 있습니다. 꽃잎, 꽃받침, 그리고 암술과 수술입니다. 이 네 가지만 잘 가지고 있다면 모양이야 자기 마음대로죠. 이렇게 네 가지를 다 갖춘 꽃을 '갖춘꽃'이라고 해요.

꿀샘은요? 꿀샘도 중요하잖아요.

그래, 그것도 중요해. 하지만 꽃의 목적은 꿀이 아니라 씨앗을 만드는 것이라는 점을 잊으면 안 돼. 꿀은 어디까지나 곤충을 위해 특별히 마련해 준 것이란다.

꽃의 기본 생김새를 그려 보기로 해요. 사물을 잘 관찰하는 습관은 아주 유익한 습관이랍니다. 게다가 아름다운 꽃이라면 더욱 흥미있겠지요?

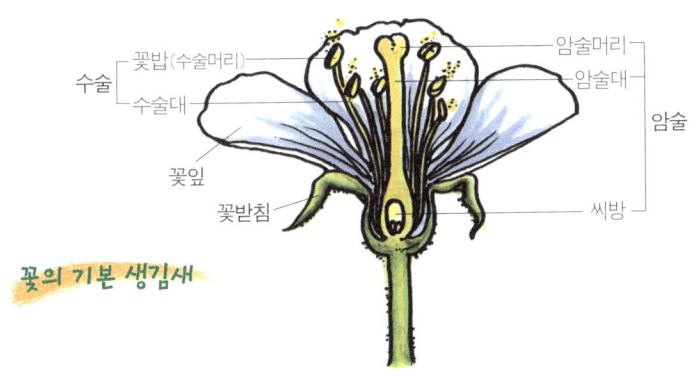

꽃의 기본 생김새

> 🌼 붕붕아, 잘 들어. 꽃의 구조를 잘 아는 것은 너에게 아마 제일 중요할걸.
>
> 🐝 꽃잎이 없는 꽃도 있잖아요. 예를 들어 소나무의 꽃 같은 거요.
>
> 🌼 아주 훌륭해. 이제까지 공부한 것을 다 기억하고 있구나.

꽃잎이 없는 꽃에는 눈길이 가기가 쉽지 않죠. 목련은 바로 이 점을 고민했답니다. 목련은 자신의 꽃을 잘 보이게 하고 싶었어요. 그래서 잎을 조금 바꿔 뭔가 특별한 것을 만들기를 원했지요. 바로 꽃잎을 말이에요.

목련은 잎의 일부를 꽃잎으로 만들었어요. 물론 처음에 만든 목련의 꽃잎은 지금의 목련과 약간 다르다고 해요. 하지만 꽃잎이 없는 꽃에서 꽃잎을 만들었다는 것은 거의 혁명적인 일이었답니다.

목련을 따라 이후에 나타나는 꽃들은 목련을 흉내내어 꽃잎을 만들기 시작했습니다. '모방은 창조의 어머니' 라는 말이 있죠? 이제 꽃들은 꽃잎을 자유자재로 만들어 이 지구상에는 그야말로 아름다운 꽃식물들이 가득 차게 되었습니다. 이렇게 아름다운 꽃잎을 만드는 식물을 한자로 나타날 현(顯), 꽃 화(花)자를 써서 '현화식물' 이라고 합니다. 말이 조금 어렵지요? 아무튼 목련은 화려한 꽃잎을 가진 현화식물의 어머니쯤으로 여겨도 될 것 같네요.

# 위대한 목련, 지구상에서 최초로 꽃잎을 만들다

꽃잎을 갖춘 꽃이 이 지구상에 처음 나타난 때는 약 1억 3,500만 년 전이라고 해요. 그 꽃들이 지금은 대부분 사라지고 없어 자세한 모양은 알 수 없지만, 많은 학자들은 지금의 목련꽃과 비슷하게 생겼을 것이라고 합니다. 목련꽃은 특이하게도 꽃잎과 꽃받침의 구분이 없으며, 여러 개의 암술과 수술을 가지고 있습니다. 또 목련꽃의 수술은 수술대가 없으며 꽃밥은 잎처럼 생겼습니다. 암술도 암술머리와 암술대 구분 없이 긴 창처럼 생겼습니다.

🐝 나는 목련의 흰 꽃잎이 아주 좋아.

🌼 그래, 알 만해.

　시간이 지나면서 꽃잎들은 다양한 모습으로 발전했습니다. 여러분이 알고 있는 꽃들을 한번 떠올려 보세요. 먼저 제비꽃을 기억해 볼까요? 그 다음은 벚꽃을, 그리고 민들레, 완두콩, 국화, 붓꽃, 카네이션, 개나리, 진달래, 난초……. 어때요? 꽃잎의 모양을 그려 낼 수 있을까요? 머리가 빙빙 돈다고요?

　자, 제 설명을 잘 들어 보세요. 우선 꽃잎을 두 종류로 나누어 볼게요. 목련이나 벚꽃처럼 꽃잎이 하나하나 나뉘어 있는 꽃과, 진달래나 나팔꽃처럼 통으로 붙어 있는 꽃으로 말이에요. 약간 정리가 되는 것 같아요? 꽃잎이 갈라져 나뉘어 있는 꽃을 '갈래꽃'이라 하고, 꽃잎이 통으로 붙어 있는 꽃을 '통꽃'이라 합니다. 이제 꽃은 크게 꽃잎이 없는 꽃, 꽃잎이 갈라진 꽃(갈래꽃), 그리고 꽃잎이 통으로 되어 있는 꽃(통꽃)으로 구분할 수 있게 되었군요.

구상나무 수꽃 (꽃잎이 없는 꽃)

목련 (갈래꽃)

나팔꽃 (통꽃)

꽃잎이 낱장으로 갈라져 있어요

먼저 갈래꽃부터 살펴볼까요? 지난 봄에 진해에서 보고 온 벚꽃을 그려 보아요. 똑같은 모양의 꽃잎 다섯 장이 빙 둘러 원을 이루고 있었지요? 꽃잎의 모양과 크기는 어땠나요? 모두 똑같았지요?

그럼 애기똥풀꽃은 어떨까요?

벚나무[장미과]
벚꽃은 똑같은 모양의 꽃잎 다섯 장이 빙 둘러 원을 이루고 있습니다.

 애기똥풀꽃이요? 우웩, 무슨 꽃 이름이 그래요?

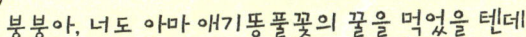 붕붕아, 너도 아마 애기똥풀꽃의 꿀을 먹었을 텐데.

 천만에요. 저는 그런 고약한 냄새가 나는 꽃은 취급하지 않는다고요.

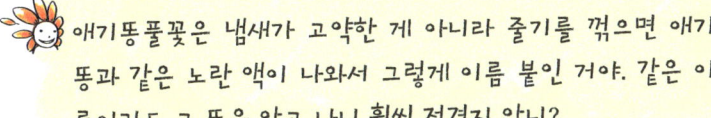 애기똥풀꽃은 냄새가 고약한 게 아니라 줄기를 꺾으면 애기똥과 같은 노란 액이 나와서 그렇게 이름 붙인 거야. 같은 이름이라도 그 뜻을 알고 나니 훨씬 정겹지 않니?

이른 봄부터 우리 주위에서 흔히 볼 수 있는 노란 꽃 중의 하나가 바로 애기똥풀꽃이에요. 제가 사진을 보여 드릴게요. 어때요, 알고 있던 꽃이었죠? 그런데 여러분은 정말 이 꽃을 제대로 알고 있을까요? 제가 문제를 낼게요. 꽃잎의 모양은 어떻게 생겼나요? 꽃잎의 수는요? 잘 기억나지 않는다고 너무 멋쩍어하지 마세요. 이제부터라도 사물을 유심히 관찰하는 습관을 기르면 되지요.

보세요. 애기똥풀꽃도 똑같은 크기의 꽃잎이 네 장 모여 예쁜 꽃을 만들고 있어요. 일찍 피는 꽃이든 늦게 피는 꽃이든, 산에서 피든 집 주위에서 피든, 애기똥풀꽃은 어김없이 네 장의 꽃잎을 가진 꽃을 피운답니다. 집안 내력이에요.

애기똥풀[양귀비과]

 같은 꽃잎 수를 가진 꽃을 찾아 그려 보아요

벗풀〔택사과〕 　　자라풀〔자라풀과〕

유채〔십자화과〕 　　무〔십자화과〕

매실나무〔장미과〕 　　조팝나무〔장미과〕

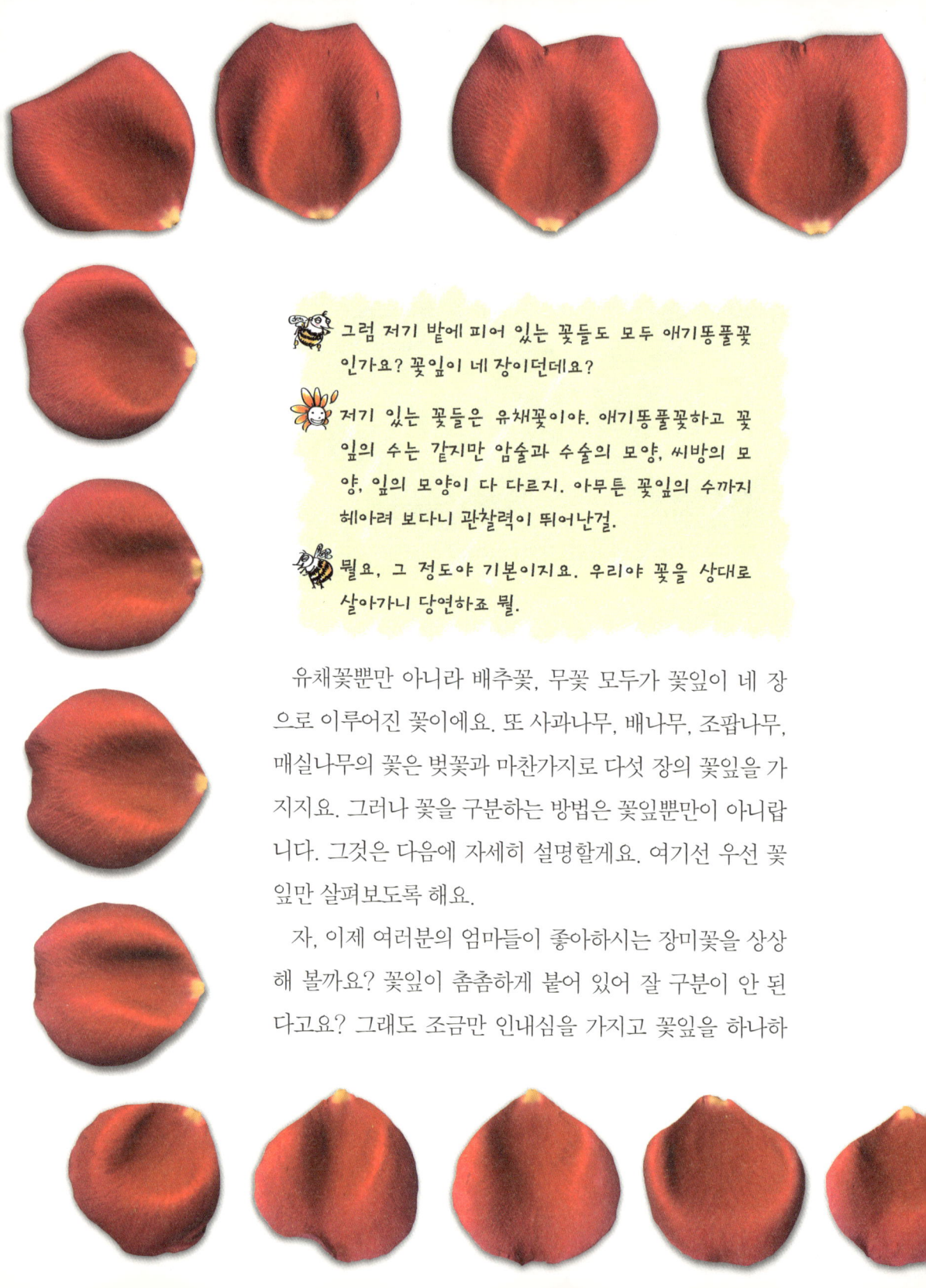

🐝 그럼 저기 밭에 피어 있는 꽃들도 모두 애기똥풀꽃인가요? 꽃잎이 네 장이던데요?

🌼 저기 있는 꽃들은 유채꽃이야. 애기똥풀꽃하고 꽃잎의 수는 같지만 암술과 수술의 모양, 씨방의 모양, 잎의 모양이 다 다르지. 아무튼 꽃잎의 수까지 헤아려 보다니 관찰력이 뛰어난걸.

🐝 뭘요, 그 정도야 기본이지요. 우리야 꽃을 상대로 살아가니 당연하죠 뭘.

 유채꽃뿐만 아니라 배추꽃, 무꽃 모두가 꽃잎이 네 장으로 이루어진 꽃이에요. 또 사과나무, 배나무, 조팝나무, 매실나무의 꽃은 벚꽃과 마찬가지로 다섯 장의 꽃잎을 가지지요. 그러나 꽃을 구분하는 방법은 꽃잎뿐만이 아니랍니다. 그것은 다음에 자세히 설명할게요. 여기선 우선 꽃잎만 살펴보도록 해요.

 자, 이제 여러분의 엄마들이 좋아하시는 장미꽃을 상상해 볼까요? 꽃잎이 촘촘하게 붙어 있어 잘 구분이 안 된다고요? 그래도 조금만 인내심을 가지고 꽃잎을 하나하

나 뜯어 보세요. 일단 꽃잎을 낱장으로 분리시킨 다음에는 이제 하나하나 차례대로 놓아 보세요. 어때요? 크기는 조금씩 다르지만 모양은 똑같지요?

찔레꽃[장미과]

사실 지금의 장미 모습은 본래의 장미 모습이 아니랍니다. 아마 장미의 먼 선조들이 지금의 장미를 보게 된다면 제대로 알아볼 수도 없을 거예요. 장미의 꽃잎은 원래 다섯 장으로 이루어져 있었습니다. 여러분은 아마 찔레꽃이나 해당화를 본 적이 있을 거예요. 그게 바로 장미의 원래 모습이라 생각하면 될 거예요.

해당화[장미과]

사람들은 장미의 아름다운 꽃잎과 향기를 좋아했습니다. 그래서 다섯 장의 꽃잎만으로는 만족할 수가 없었답니다. 사람들은 장미의 모든 힘을 오로지 아름다운 꽃잎과 향기를 만드는 데만 쓰기를 원했어요. 지금 여러분의 정원에 자라고 있는

장미도 순수한 혈통이 아니고 사람들이 좋아하는 점만 골라 만들어 낸 일종의 작품입니다. 이렇게 장미는 사람들의 사랑을 얻었지만 대신 동료들의 시기와 질투를 한 몸에 받게 되었답니다.

 쳇, 자기가 뭐 처음부터 저랬나. 흥, 나는 이미 다 들어서 알고 있다고.

명자꽃은 특히나 장미가 얄미워 죽을 지경입니다. 사실 명자꽃이나 장미나 다 한집안 꽃들이지요.

 그래도 나는 장미가 좋아. 아! 장미의 향기여~. 역시 우리 벌들은 꽃을 보는 안목이 높단 말이야.

붕붕이는 장미 생각만으로도 황홀한 모양입니다.

다섯 장의 꽃잎을 가진 장미의 친척들

아그배나무 (장미과) 해당화 (장미과) 명자꽃 (장미과)

🌸 나도 사실은 장미꽃이 너무 부러워. 내 꽃잎은 모양도 제각각이고, 어떤 때는 나도 혼란스럽다니까. 정말이지 단정하지 못하다는 소리를 들을까 봐 은근히 겁이 나기도 해.

제비꽃[제비꽃과]

제비꽃은 스스로에게 자신이 없는 모양입니다. 어디, 제비꽃을 한번 살펴볼까요?

제비꽃은 꽃잎이 붙어 있을까요, 떨어져 있을까요? 비록 꽃잎이 모인 끝자리가 통으로 보이지만 분명히 갈래꽃입니다. 다섯 장의 꽃잎이 보이나요? 그런데 꽃잎들 모양이 서로 다르네요.

꽃잎을 분리한 제비꽃

🌼 제비꽃아, 실망하지 마. 이 세상에 아름답지 않은 꽃은 없어. 다만 개성이 다를 뿐이지. 하지만 이걸 명심하렴. 너의 선조들은 참으로 지혜로웠어. 너의 집안에는 굉장히 많은 일가 친척이 있잖아. 알록제비꽃, 남산제비꽃, 금강제비꽃, 고깔제비꽃…… 이처럼 많은 친척들이 있다는 것 자체가 성공이라고 보아야 하겠지. 만일 문제가 있었더라면 아마 지금 우리랑 이렇게 만나지도 못했을 거야. 다음에 비가 와서 물이 고이면 꼭 너의 아름다운 자태를 비추어 보렴.

제비꽃의 친척들

제비꽃[제비꽃과]   노랑제비꽃[제비꽃과]

흰젖제비꽃[제비꽃과]   잔털제비꽃[제비꽃과]   호제비꽃[제비꽃과]

그래도 제비꽃 정도는 다행입니다. 붓꽃을 한번 생각해 보세요. 예쁜 무늬를 가진 꽃잎은 노란색도 있고 보라색도 있고 흰색도 있어요. 물론 꽃 하나는 같은 색으로만 이루어져 있지요.

 정말이에요? 저는 몰랐어요. 다 같은 색인 줄 알았는데. 아, 여러분의 눈이 부럽군요.

 붕붕아, 너무 실망하지 마. 대신에 너는 붓꽃의 다양한 무늬를 제대로 볼 줄 아는 능력을 가지고 있잖아.

 어, 그럼 사람들은 그 무늬의 비밀을 모른단 말이에요?

 그래, 안타깝게도 사람들은 그 비밀 지도를 읽을 줄 몰라. 하지만 지도 이야기는 다음에 해야겠구나. 지금 우리 친구들이 붓꽃의 꽃잎을 하나하나 떼어 내고 있거든.

붓꽃의 친척들

금붓꽃 [붓꽃과]

노랑무늬붓꽃 [붓꽃과]

솔붓꽃 [붓꽃과]

붓꽃[붓꽃과]

힘들어요? 그래도 포기하지는 마세요. 꽃잎의 수가 많을 것 같지만 사실 열 장도 되지 않거든요. 여러분이 셀 수 있는 수는 일, 십, 백, 천, 만, 억을 넘어 조 단위도 거뜬히 셀 수 있잖아요. 자, 이제 떼어 낸 꽃잎들을 차례대로 놓아 볼까요? 어때요, 제 것과 같은가요?

이제 꽃잎의 수를 세어 보세요. 여섯 장이 되는가요? 모자라요? 그럼 작은 꽃잎을 어딘가에 떨어뜨렸군요. 붓꽃은 무늬가 있는 세 장의 큰 꽃잎과 무늬가 없는 세 장의 작은 꽃잎으로 이루어져 있어요. 간단하지요?

여기서 한 가지 중요한 사실을 알 수 있습니다. 갈래꽃은 꽃잎의 모양이 똑같은 종류와 꽃잎의 모양이 제각각인 것으로 구분할 수 있다는 것을요. 앞에서 얘기한 벚꽃이나 애기똥풀, 장미, 해당화 등은 꽃잎의 모양이 모두 똑같은 종류이고, 제비꽃이나 붓꽃은 꽃잎의 모양과 크기가 제각각인 종류입니다.

그럼 좀더 복잡한 것을 살펴볼까요? 여름철에 시원한 그늘을 만들어 주는 등나무의 파란 꽃은 어떨까요? 아니면 아카시아의 흰 꽃은요? 이런 집안을 '콩과 식물'이라고 합니다. 여기서 '과(科)'라는 말은 비슷한 종류의 동물이나 식물끼리 묶어서 부르는 전문 용어입니다. 쉽게 말하면 한집안 식구라는 뜻이죠. 그러니까 '콩과 식물' 이라고 하면 콩하고 비슷한 식물이라고 생각하면 될 거예요.

  콩과 집안의 문양은 좀 특이합니다. 꽃잎을 하나하나 분리하면 다섯 장으로 되어 있는데 각각의 모습이 다릅니다. 그리고 꽃 전체 모양은 나비와 같은 모양이 되죠. 이런 꽃들을 식물학자들은 한자로 나비 접(蝶), 모양 형(形)자를 써서 '접형화' 라고 한답니다. '나비 모양의 꽃' 이란 뜻이죠. 사진으로 한번 확인해 볼까요?

박태기나무[콩과]

콩과 식물의 꽃

등[콩과]   골담초[콩과]

그럼 좀더 특이한 꽃잎을 가진 꽃은 어떤 것이 있을까?

 난초예요. 저는 정말 혼란스러워요. 어떤 것은 제 여자친구를 닮아 있기도 하고, 어떤 것은 날개 달린 새 같기도 하고……. 도무지 종잡을 수가 없어요.

여러분도 아마 붕붕이와 같은 생각을 했을 겁니다. 난초 무리는 좀 특이하거든요. 난초 집안은 이 지구상에 아주 많습니다. 생김새도 제각각이고요. 그러나 모든 난초 무리가 공통적으로 가지고 있는 특징이 있지요.

난초는 꽃잎과 꽃받침이 제대로 나뉘지 않은 꽃을 피우는데 꽃잎의 모양이나 색은 제각각이지만 아무리 복잡해도 꽃잎의 수는 정해져 있답니다. 대부분 여섯 장의 꽃잎을 가지죠. 그 중에서 마치 학의 날개처럼 우아하게 펼쳐져 있는 꽃잎은 진짜 꽃잎이 아니라 꽃받침이 변장을 한 것이에요.

난초 무리의 기본 생김새

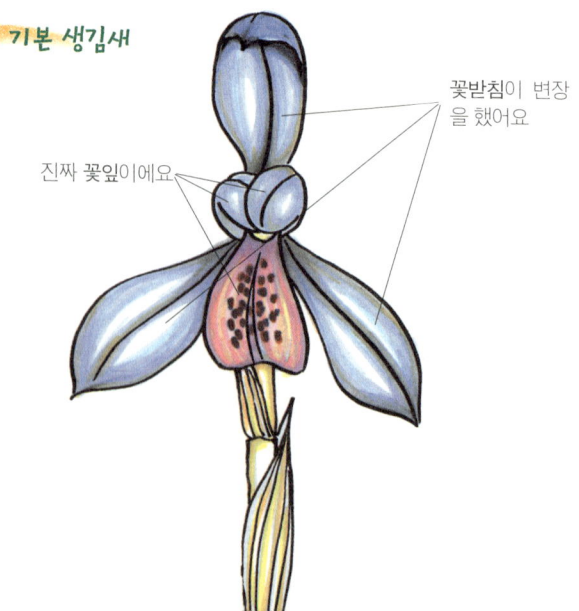

꽃받침이 변장을 했어요

진짜 꽃잎이에요

개불알꽃 [난초과]　　　석곡 [난초과]　　　팔레놉시스 [난초과]

아무리 여러 갈래로 갈라진 꽃들이라도 진짜 꽃잎은 일곱 장을 넘기지 않아요. 여러분은 지금 장미를 생각하겠지만 그것은 사람들의 작품이라는 것을 잊으면 안 돼요. 동백꽃 역시 원래는 꽃잎이 다섯 장이었는데 사람들이 더 많은 욕심을 낸 결과랍니다. 겹벚나무도 마찬가지고요.

이제 여러분은 한 가지를 눈치챌 수 있을 거예요. 꽃잎이 아주 많은 꽃은 사람의 작품이라는 것을. 자연은 그리 형편이 넉넉하지 않아요. 그래서 무한정으로 꽃잎을 만들 수가 없답니다. 절약해야 잘 살 수 있지요.

그럼 제가 문제를 하나 낼게요. 어버이날 부모님 가슴에 달아 드리는 카네이션꽃의 원래 모습은 어땠을까요? 패랭이꽃을 한번 찾아 보세요. 비슷한 점을 발견할 수 있을 거예요.

카네이션 [석죽과]

패랭이 꽃 [석죽과]

🌾 잠깐만요. 저희는요? 저희를 빼 버리지는 않겠지요? 붕붕이가 외면하는 것은 참을 수 있지만 꽃천사님마저 저희를 외면하신다면 저희는 슬픔에 겨워 살아갈 수가 없을 거예요.

🌼 무슨 그런 가여운 생각을! 천만에요. 당신네만큼 성공한 집안도 드물 거예요. 그러니 절대 빠뜨릴 수가 없지요.

벼[벼과]

🌾 고마워요. 사실 저희는 꽃잎도 없고, 향기도 없고……. 그래서 나오지 말까 생각도 해 보았는데요, 이렇게 용기를 내었답니다.

🌼 물론 잘하셨어요. 이제 막 당신네 집안의 휘장에 대해 설명하려는 참이었거든요. 마침 잘 되었네요. 붕붕이는 잘 모를 테니 당신이 직접 도와 주면 되겠군요.

자 여러분, 여러분이 매일 먹는 쌀을 만들어 내는 벼를 소개할게요. 여러분은 쌀은 알고 있지요? 그러나 쌀이 열리는 벼의 꽃은 잘 모를 거예요. 훌륭한 일을 하고 있는데 모양이 화려하지 않다고 해서 몰라보는 것은 안 될 말이죠. 여러분도 이 사회에서 보이지 않게 훌륭한 일을 하는 사람들을 잊어서는 안 된답니다.

벼꽃

우리가 주식으로 먹는 벼의 꽃 역시 보통의 꽃들과는 다른 모습을 하고 있어요. 벼의 꽃에는 꽃잎이 없답니다. 대신 '영'이라고 부르는 단단한 껍질이 붙어 있지요. 이 단단한 껍질은 나중에 쌀 알갱이를 싸는 왕겨가 돼요. 영이 벌어지면 그 속의 암술과 수술이 바깥으로 나옵니다. 단단한 영은 어릴 때는 녹색이지만 수정이 되어 여물면 황금색으로 변한답니다. 이렇게 황금색으로 익은 벼의 씨앗에서 왕겨를 벗겨 낸 것이 바로 우리가 먹는 쌀인 거죠.

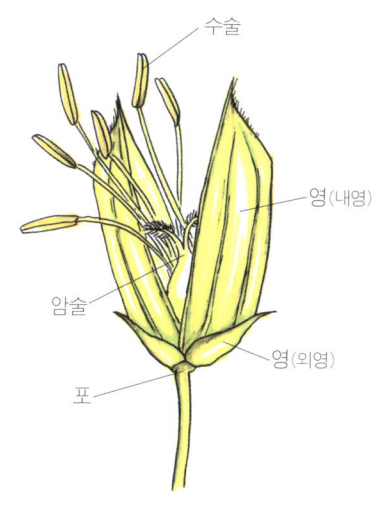

벼꽃의 생김새

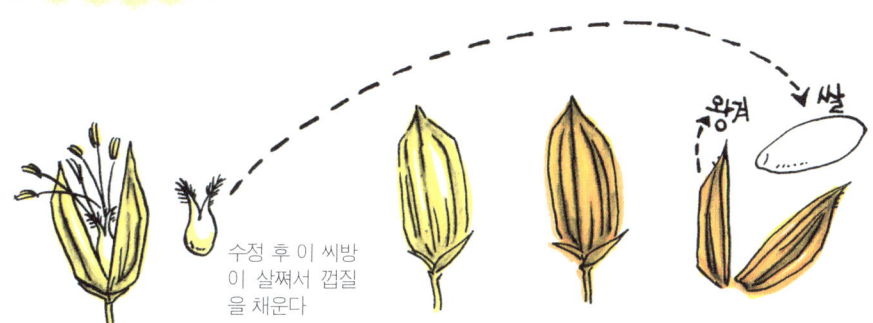

벼꽃에서 쌀까지

수정 후 이 씨방이 살쪄서 껍질을 채운다

벼의 친척들

조릿대(벼과)   도깨비사초(사초과)   강아지풀(벼과)

갈풀(벼과)   그령(벼과)   산조풀(벼과)

흑삼릉(흑삼릉과)   비노리(벼과)   갈대(벼과)

꽃잎이 통으로 이루어져 있어요

 틀렸어요, 틀렸어. 틀렸다고요.

붕붕이가 단단히 화가 난 모양입니다.

 미안, 붕붕. 이제부터라도 잘 도와 주면 되지 뭐.
 그게 아니고요. 꽃천사님이 틀렸어요. 국화꽃의 꽃잎은 열 개가 훨씬 넘어요. 민들레는 셀 수조차 없을 정도고요.
 아, 붕붕아. 정말 훌륭해. 네가 바로 우리의 다음 이야깃거리를 아주 훌륭하게 소개해 주었어.
 말 돌리지 마세요. 빨리 틀렸다는 것을 인정하시는 것이 훨씬 나을 텐데요.

친구들 여러분도 그렇게 생각하나요? 그럼 과연 민들레는 꽃잎이 몇 개일까요? 다행히 요즈음은 민들레가 아주 흔하니 어렵지 않게 민들레에 대해 알아 볼 수 있겠네요.

자, 앞에서 했던 것처럼 민들레의 꽃잎을 하나씩 떼어 보세요. 이건 좀 끈기가 필요하겠는데요. 그래도 하나하나가 쉽게 떨어지죠?

서양민들레 [국화과]

다음에는 이렇게 대충 분리한 것들을 가지런히 놓아 보세요. 그리고 꽃잎 하나를 자세히 관찰해 보세요. 꽃잎이 도르르 말려 통처럼 되어 있지 않나요? 아니라고요? 그럼 민들레가 아닌 다른 꽃을 가져온 게로군요. 아니면 부주의하거나.

사진에서 보듯이 민들레의 꽃잎 하나하나는 하나의 통으로 이루어져 있습니다. 그리고 하나의 통에는 노오란 가루가 묻어 있는 뭔가가 보이고요. 바로 수술이죠. 그러면 민들레의 꽃잎 하나하나가 사실은 하나의 꽃이라는 것을 알 수 있습니다.

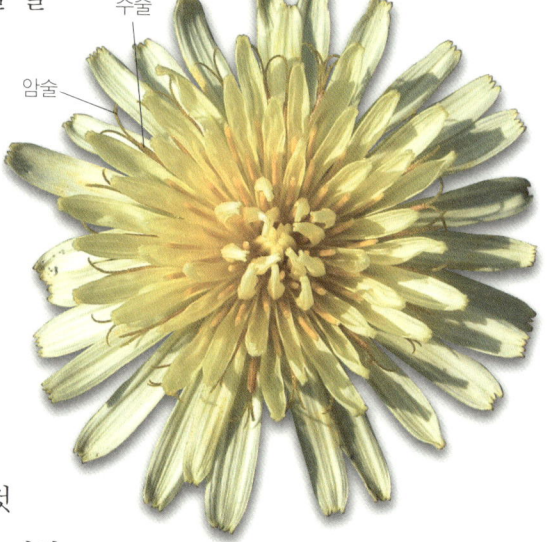

수술

암술

민들레[국화과]

바로 그거예요. 민들레 꽃은 통으로 이루어진 꽃이랍니다. 우리가 민들레꽃이라 생각하는 것은 사실 많은 민들레 통꽃들의 다발입니다. 마치 벚꽃들이 하나의 줄기에 여러 개가 달려 있는 것과 같은 이치죠. 국화꽃도 마찬가지랍니다.

민들레 통꽃 한 송이

 붕붕아, 이제 네가 틀린 것을 시인해야 하겠네.

좋아요. 계속해서 이런 통꽃들을 살펴보도록 해요.

나팔꽃은 이름에서 알 수 있는 것처럼 꽃잎이 나팔처럼 생긴 하나의 통으로 되어 있습니다. 여러분이 학교 정원에서 가끔 꿀을 빨아먹기도 하는 빨간 샐비어꽃 역시 통으로 되어 있습니다. 그렇군요. 진달래, 개나리 모두 통으로 되어 있어요.

나팔꽃[메꽃과]

여기서 제가 여러분에게 비밀 이야기 하나 해 줄게요. 붕붕이가 하도 꽃에 대해 잘 아는 것처럼 이야기를 하고 다니기에 문제를 하나 내었답니다. 개나리 꽃잎이 몇 장이냐는 질문이었습니다. 여러분은 이미 답을 알고 있지요. 그런데 무슨 답이 나왔을 것 같아요? 예, 글쎄 네 장이라고 하더군요. 그럴 줄 알았다니까요. 개나리꽃은 끝이 네 갈래로 갈라져 있습니다. 하지만 아래쪽 끝 부분은 하나의 통으로 되어 있지요. 그래요, 좀 심술궂은 질문이었다는 것은 인정해요.

샐비어[꿀풀과]

아무튼 갈래꽃은 꽃잎의 수, 꽃잎의 모양, 꽃잎의 크기 등으로 다양한 꽃 세계를 이루고 있는데, 그럼 통꽃은 어떻게 다양한 모습으로 변신을 하고 있을까요?

개나리 [물푸레나무과]

수수꽃다리 [물푸레나무과]

둥글레 [백합과]

 제가 한 가지 힌트를 드릴게요. 은방울꽃, 둥글레, 수수꽃다리(라일락), 백합, 얼레지, 도라지…… 이런 꽃들을 한번 자세히 관찰해 보세요. 이제 그 차이가 조금 분명해지지 않았나요? 맞아요, 통꽃 가장자리의 갈라진 정도예요. 끝이 몇 갈래로 갈라졌는지, 그리고 얼마나 깊게 갈라져 있는지가 다 다르죠? 간단해요. 무엇이든지 원리만 찾으면 쉽고 간단해집니다.

통꽃들, 다 모여라!

현호색〔현호색과〕　　　용담〔용담과〕　　　미선나무〔물푸레나무과〕

섬초롱꽃〔초롱꽃과〕　　　칼미아〔진달래과〕　　　철쭉〔진달래과〕

도라지〔초롱꽃과〕　　　쥐똥나무〔물푸레나무과〕　　　오동〔현삼과〕

여러분은 혹시 꿀풀의 꽃을 자세히 들여다본 적이 있나요? 통꽃들 가운데는 특이하게 생긴 것이 몇 있어요. 그 가운데 꿀풀 집안과 현호색 집안은 꽃잎의 끝이 입술 모양으로 갈라져 있습니다. 식물학자들은 이런 꽃들을 한자로 입술 순(脣)자를 써서 '순형화'라고 하죠.
'입술 모양의 꽃' 이란 뜻입니다.
이 입술 모양의 꽃을 잘 변형시켜 붕붕이와 같은 곤충을 혼란에 빠뜨리는 거예요. 사진으로 한 번 확인해 보세요.

산괴불주머니[현호색과]

나도송이풀[현삼과]

송장풀[꿀풀과]   벌깨덩굴[꿀풀과]

옛날 로마 병사들이 썼던 투구 모양으로 생긴 꽃도 있어요. 이름도 투구꽃이지요. 어쨌거나 밑이 통으로 붙어 있는 통꽃임에는 틀림없습니다. 보세요.

마지막으로 제가 문제 하나 낼게요. 여러분이 좋아하는 튤립은 갈래꽃일까요, 통꽃일까요? 이 책 어딘가에 튤립 사진이 나와 있어요. 찾아서 한번 확인해 보세요.

투구꽃[미나리아재비과]

자, 여러분이 알고 있는 그 어떤 꽃도 자세히 살펴보면 꽃잎이 없거나, 갈라져 있거나, 아니면 통으로 되어 있음을 알았습니다. 물론 처음에는 꽃잎이 없는 꽃이 등장했습니다. 그러다가 목련처럼 잎을 변형시켜 꽃잎을 만든 꽃이 등장했지요. 이 때의 꽃은 갈래꽃이었습니다. 아무래도 갈라진 꽃잎을 만드는 게 조금 더 쉬웠거든요. 그런데 갈라진 꽃잎은 곤충이 쉽게 빠져 나가 버린다는 단점이 있었습니다. 그래서 기술을 더 발전시켜 꽃잎을 아예 통으로 만들어 버린 거지요. 이제 꽃이 지금까지 어떻게 발전해 왔는지 그 질서를 찾을 수 있겠나요? 여러분이 꽃이라면 어떤 꽃잎을 만들겠어요?

 ## 그 많은 꽃 이름을 어떻게 알 수 있을까요?

꽃은 가문의 얼굴이라고 했습니다. 식물학자들은 이 점에서 힌트를 얻어 오늘날의 아주 많은 식물들을 가계별로 분류할 수 있었습니다. 꽃의 발달 순서에 따라 식물들을 정리하고 있다는 얘기죠. 그리고 그 내용을 모아 만든 책이 식물 도감입니다. 그런데 식물 도감에는 수천 종의 꽃이 있어요. 어디서부터 찾을까 막막하기만 합니다. 하지만 여러분은 걱정하지 마세요. 여러분이 식물 도감을 찾아볼 때 찾고자 하는 꽃이 어떤 집안에 속해 있는지만 안다면 일이 훨씬 쉬워질 테니까요. 그 순서를 정리해 볼게요.

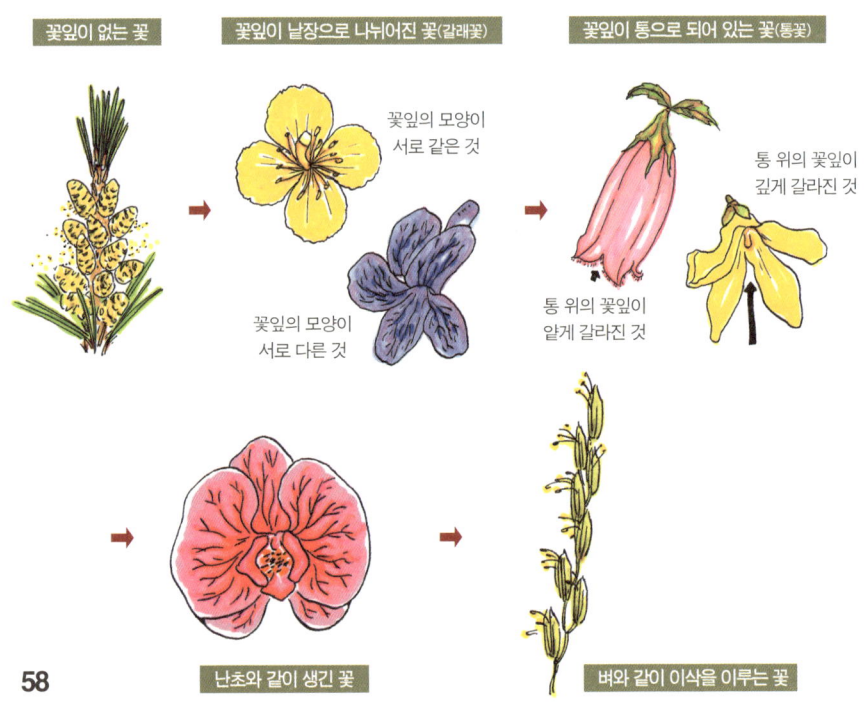

꽃잎이 꽃받침으로 변했어요

봄이 되어 꽃이 앞다투어 피어나니 하루도 조용한 날이 없습니다. 오늘은 진달래가 목련에게 뭐라 핀잔을 주는 모양입니다. 아담한 크기의 목련나무에는 아직 잎도 나오기 전에 크고 탐스런 흰 꽃송이가 막 벌어지고 있습니다. 우윳빛 흰 살결이 너무도 순결해 보이죠? 그런 목련에게 진달래는 무슨 경쟁심이라도 가지고 있는 것 같습니다. 진달래도 많은 사랑을 받고 있기는 마찬가지인데 말입니다. 누구나 남의 것에 더 욕심이 나는 모양이에요.

> 야, 목련. 너무 고상한 척하지 마. 내가 보기에는 너는 패션 감각이 별로인 것 같아. 색깔도 흰 것이 깨끗하기야 하겠지만 별 매력은 없잖아. 사실 흰색은 제일 만들기 쉬운 색이니까. 무엇보다 너는 봄바람이 가슴 속으로 스며드는 봄에 스카프 한 장 두르는 감각도 없잖아.

목련의 꽃잎이 파르르 떨리는 것 같았습니다. 사실 목련꽃은 진달래나 장미가 가진 꽃받침이 없습니다. 목련에겐 제일 감추고 싶은 부분입니다.

여러분, 남의 약점을 가지고 괴롭히는 건 참을 수가 없지요? 뭔가 목련에게 도움을 줄 방법이 없을까요?

붕붕아, 목련의 꽃잎 수 좀 세어 주겠니?

 어휴, 또 숫자 세기인가요? 이젠 싫어요. 숫자는 정말 지루해요. 아름다운 꽃 얘기나 해요.

붕붕아, 물론 꽃 자체가 제일 중요해. 하지만 꽃을 좀더 정확하게 알고자 한다면 그까짓 숫자 세는 것쯤이야 즐거운 일이지. 앞에서도 이야기했지만 꽃잎의 수는 일곱 장을 넘지 않으니까. 생각해 보렴. 꽃잎의 수에 대해 알고 나니 꽃들이 더욱 대단하다고 여겨지지 않든? 애기똥풀꽃은 꼭 네 장의 꽃잎만 가지고, 장미 집안은 사는 곳이 어디든지 꼭 다섯 장의 꽃잎 수를 마치 가문의 휘장처럼 간직하고 말이야. 숫자 자체가 중요한 것이 아니라 숫자를 통해 알게 되는 꽃의 질서가 중요한 것이지.

알았다고요, 알았어요.

진작에 그럴 것이지.

여러분은 목련의 꽃잎 수를 세어 본 적이 있나요? 꽃이 너무 높이 달려 있어 셀 수 없었다고요? 좋아요. 그럼 사진 속에 있는 목련의 꽃잎을 세어 보도록 하죠.

목련[목련과]

야호! 드디어 제가 해냈어요, 꽃천사님. 이번에는 절대로 빠져 나가지 못해요.

 목련 꽃잎 수를 세고 오라 했더니 갑자기 웬 호들갑이야, 붕붕아.

 맞아요. 그 목련의 꽃잎 수 말이에요.

 몇 개인지 잘 세어 봤니?

 물론이죠. 지금 제가 흥분한 이유도 바로 그거예요. 목련의 꽃잎 수는 정확하게 아홉 장입니다. 제가 혹시 찢어진 꽃잎이 아닐까 해서 나무 전체의 꽃들을 거의 다 세어 보았는데요, 정확하게 아홉 장이었다고요.

 아주 정확하게 세기는 세었는데, 답은 땡~ 틀렸습니다.

 글쎄, 이번에는 억지가 안 통한다니까요.

 잘 들어 봐. 진달래의 말 기억하니?

 뭘요? 스카프요?

 그래, 바로 그 스카프. 목련의 꽃잎처럼 보이는 아홉 장의 꽃잎은 여섯 장의 진짜 꽃잎과 세 장의 스카프, 즉 꽃받침이 함께 만들어진 것이란다. 목련은 가장 먼저 꽃잎을 만들어 낸 꽃이라고 했지? 그런데 처음 하는 일이라 그랬는지 목련은 꽃잎과 꽃받침을 구분하지 않았어. 그러다가 나중에 나타난 꽃들은 목련의 기술을 발전시켜 꽃잎의 일부를 꽃받침으로 변형시켰단다. 꽃받침은 꽃을 보호함과 동시에 열매를 보호해 주는 역할을 하거든. 하지만 꽃잎과 달리 꿀을 만드는 곳은 없단다. 붕붕이 너도 꽃에 대해 좀더 공부를 해야겠는데.

어쩐지 목련꽃은 뭔가 허전하다 했더니, 꽃받침이 없었군요. 왜 진작에 알아차리지 못했지?

 그건 네가 꿀만 좋아했기 때문이야.

여러분이 장미꽃을 그릴 때 꼭 그려 넣는 것이 있지요? 가시라고요? 너무 멋을 모르는군요. 그건 당연하잖아요. 가시말고도 여러분은 아마 초록색으로 장미꽃을 받치고 있는 예쁜 꽃받침을 그려 넣을 거예요.

꽃받침은 원래 꽃잎이었다고 했죠? 그런데 꽃을 보호하고 열매를 보호하기 위해서는 어쩔 수 없이 꽃잎의 일부를 희생시켜야 했답니다. 누군들 화려한 꽃잎으로 남고 싶지 않았겠어요? 하지만 꽃 전체를 위해서는 어쩔 수 없는 일입니다.

꽃받침의 모양은 꽃마다 달라요. 초롱꽃이 예뻐 보이는 것은 앙증맞은 초롱을 받치고 있는 초록색의 꽃받침 때문일지도 몰라요. 또 꽃받침은 색깔도 여러 가지입니다. 물론 꽃의 취향이 다르니까 당연한 거겠지만.

섬초롱꽃[초롱꽃과]

장미[장미과]

특히 꽃받침은 열매를 보면 더 잘 알 수 있지요. 딸기를 한번 그려 보세요. 빨간 딸기에 검은 씨를 그리고, 마지막으로 초록색의 받침을 그리지요. 감은 어때요? 감꼭지라고 하는 것이 사실은 감꽃의 꽃받침이랍니다. 그럼 가을날 빨갛게 익는 고추의 꽃받침도 그릴 수 있겠지요?

목련님, 너무 슬퍼하지 마세요. 사실 꽃받침은 꽃의 부속물일 뿐이에요. 그래서 목련님처럼 꽃받침을 아예 안 만들거나 보이지도 않을 만큼 작게 만든 꽃들도 있어요. 목련님은 오히려 꽃잎처럼 화려한 꽃받침을 갖고 있다고 생각하면 더 큰 매력이 되겠지요.

꽃받침 모양은 꽃마다 달라요

멍석딸기(장미과) 붉은병꽃나무(인동과) 린네풀(인동과)

그런데 한 가지 주의할 일이 있어요. 꽃에 대한 사랑이 각별한 식물들은 꽃받침만으로는 부족해서 '포(包)'라는 것을 따로 만들었답니다. '포'는 말 그대로 꽃을 감싸는 포대기라는 뜻입니다. 특히 여러분이 흰 꽃잎이라고 여기는 산딸나무꽃의 멋진 포는 정말 예술이죠.

멋진 포로 꽃을 감싸요

부겐빌레아 (분꽃과)   매발톱꽃 (미나리아재비과)   산딸나무 (층층나무과)

미국산딸나무 (층층나무과)   삼지구엽초 (매자나무과)   연령초 (백합과)

꽃 표본을 만들어요

계절마다 피어나는 들꽃들을 표본으로 만들어 보세요. 식물학자들은 산이나 들에서 발견한 식물들을 표본으로 만들어 보관한답니다. 식물 표본은 여러 사람이 함께 보고 연구할 수 있는 아주 중요한 연구 자료가 되거든요.

우선 식물을 잘 분리해서 채집통에 넣으세요. 나무(목본 식물)와 같이 큰 식물은 줄기의 일부분을 이용하여 표본을 만들지만 풀(초본 식물)은 식물 전체를 표본으로 만든답니다. 여러분은 아마 나뭇잎 하나를 따서 흰 종이에 투명테이프로 붙였던 기억이 있을 겁니다. 사실 이 방법은 잘못되었지요.

그리고 중요한 점은 반드시 꽃을 포함해야 한다는 것입니다. 왜냐고요? 꽃은 그 집안의 휘장이기 때문이지요. 꽃이 있어야만 식물의 종류를 구별할 수 있답니다. 만약 꽃이 없으면 어떻게 하냐고요? 그 때는 열매라도 잘 받아서 종이 봉투에 넣어 함께 보관해야 합니다.

다음에는 채집통에 모아 놓은 식물을 말려야 합니다. 모양이 그대로 유지될 수 있도록 잘 펴서 말립니다. 이 때 잎의 앞면과 뒷면을 동시에 관찰할 수 있도록 잎 몇 장은 뒤집어 주세요. 신문지 사이에 잘 펴서 끼워 넣고 정리가 끝나면 다시 신문지를 덮어 무거

운 것으로 눌러 놓아야 합니다. 그래야만 마르면서 뒤틀리거나 오그라들지 않아요. 그리고 식물이 마를 동안 몇 차례 신문지를 교환해 주어야 합니다. 물기가 빠져 나와 신문지가 젖게 되면 곰팡이가 생기거든요.

식물이 마르면 흰 도화지에 잘 붙이기만 하면 됩니다. 잘 마른 식물을 적당한 자리에 놓고는 흰 종이테이프를 이용해 고정시킵니다.

아차, 마지막으로 중요한 일이 하나 남았습니다. 식물의 역사를 기록하는 일을 빼먹을 순 없죠. 식물 표본의 오른쪽 아랫단에 작은 라벨을 붙입니다. 무슨 내용을 적을까요? 이름은 반드시 넣어야 합니다. 물론 학명(학술상의 편의를 위하여 동식물에 붙이는, 세계 공통의 라틴어 이름)도 함께 말입니다. 그리고는 채집한 장소와 채집 날짜, 그리고 여러분의 이름을 반드시 넣어야 하겠지요. 한 가지 조심하세요. 꽃잎 속에 개미가 숨어 있을지도 모르니까요.

이름	애기똥풀 *Chelidonium majus* var. *asiaticum*
장소	북한산
날짜	2002. 6. 17
채집자	김파랑

제3편 꽃이 피어나는 차례를 알아보아요

🐝 아무리 생각해 봐도 해바라기꽃은 참 알 수가 없어요.

🌻 그럼 그렇지. 참새가 방앗간을 그냥 지나칠 수 없지.

🐝 해바라기꽃은 정말 도무지 알 수가 없어. 예쁜 꽃잎을 보고 찾아가면 그 속에는 아무것도 없다니깐. 오히려 꽃잎 안쪽에 있는 이상한 것들이 더 맛나단 말이야.

🌻 바로 그거야, 붕붕아. 앞에서 국화꽃이 수많은 통꽃들의 다발이라는 것은 얘기했지? 해바라기도 마찬가지야. 네가 꽃잎이

라고 생각했던 것들은 통의 일부가 길게 자라 있는 모습을 하고 있을 거야. 그런 꽃을 마치 사람의 혀를 닮았다고 해서 한자로 혀 설(舌), 모양 상(狀)자를 써서 '설상화'라고 하지. '혀 모양의 꽃'이라는 뜻이야. 그러나 분명히 통으로 되어 있는 건 틀림없어. 그리고 가운데 네가 별 모양도 없다고 하는 것들, 그래, 그런 것들은 진짜 통 모양으로 생겼어. 그래서 한자로 통 통(筒)자를 써서 '통상화'라고 해. 이 통상화 속에는 네가 좋아하는 꽃가루가 잔뜩 있지. 해바라기 역시 국화나 민들레와 마찬가지로 무수한 통꽃들이 만들어 낸 꽃다발이야. 그건 그렇고, 붕붕이 너는 참으로 나를 잘 도와 주는구나. 네가 해바라기나 국화꽃에서 느끼는 혼란스러움이 무엇 때문인지 이제 풀 때가 온 것 같아. 꽃잎의 모양을 알았으니 이제 꽃이 피어나는 방법을 알아 보도록 할까? 붕붕아, 저기 목련나무의 꽃이 몇 송이인지 좀 세어 보렴.

 그야 쉽죠. 제가 셈도 못 하는 줄 아세요?

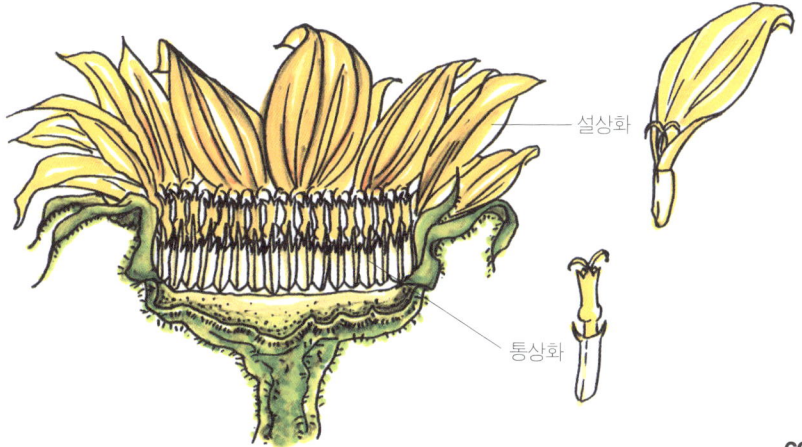

좋아. 그럼 저기 개나리꽃도 세어 볼 수 있겠니?

 정말 너무하시는군요. 아직도 제 셈 실력을 모르신단 말씀이에요?

 좋아, 그럼 네 수준에 맞는 것으로 하지. 저기 수수꽃다리꽃의 수를 좀 세어 보렴.

여러분은 어때요? 목련은 쉬울 것 같지만 수수꽃다리는 머리가 복잡해지려 한다고요?

그래요, 여러분이 꽃에 대해 복잡하다고 느끼는 이유는 여러 송이의 꽃이 한꺼번에 피기 때문입니다. 목련처럼 하나씩 달리는 꽃은 쉽게 그 모양을 알 수 있지만 수수꽃다리는 작은 꽃들이 덩어리처럼 뭉쳐 있어 복잡해 보입니다.

우리가 꽃잎을 하나하나 분리하면 제각각인 듯한 꽃잎에서도 어떤 법칙이 있었듯이, 꽃이 피어나는 모양도 살펴보면 몇 가지의 간단한 질서를 가지고 있습니다. 이것을 전문 용어로 '꽃차례' 라고 합니다. 말 그대로 '꽃들이 피어나는 차례' 라는 뜻이죠. 꽃차례만 잘 알면 꽃에 대해 쉽게 그림도 그릴 수 있어요.

단정꽃차례 : 튤립
1

원추꽃차례 : 꽃개회나무
5

하나의 꽃대에 하나의 꽃이 달려요 : 단정꽃차례

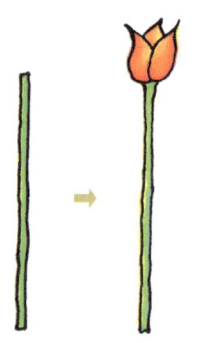

어떠한 질서를 가장 쉽게 찾는 방법은 그림을 그려 보는 것입니다. 먼저 아주 간단한 것부터 해 볼까요? 목련꽃처럼 하나의 꽃대에 하나의 꽃이 피어나는 꽃차례입니다. 이것을 전문 용어로 '단정(單頂)꽃차례' 라고 하는데, 한자를 풀이하면 그 뜻을 잘 알 수 있습니다. 홑 단(單), 정수리 정(頂)이니까 머리 꼭대기(정수리)에 하나의 꽃이 달렸다는 뜻이겠죠? 이 단정꽃차례는 꽃차례의 기본 중의 기본이라 할 수 있습니다. 목련, 튤립, 붓꽃, 할미꽃, 함박꽃, 얼레지, 꽃창포 등이 여기에 속해요. 단정꽃차례는 꽃송이의 수를 아주 쉽게 셀 수 있답니다.

함박꽃나무[목련과]

하나의 꽃대에 셀 수 없이 모여 피어요 : 두상꽃차례

이제 여러분이 분리했던 국화꽃을 하나하나 다시 심어 볼까요? 여기서도 일단 그림으로 시작해 보아요.

우선 세로로 길게 꽃대를 그리세요. 그리고 꽃대 위에 둥근 반원을 올려놓으세요. 편평한 면이 위로 가든, 둥근 면이 위로 가든 상관없어요. 이제 윗면에 통꽃들을 하나씩 그려 넣으세요. 이왕이면 둥글게 꽃 모양이 잡히도록 하면 좋겠지요. 몇 개의 꽃이 들어갈까요. 물론 그건 꽃 마음이죠. 그래서 국화꽃의 수는 셀 수 없이 많아질 수 있답니다. 그리고 가장자리에는 설상화들을 그려 넣으세요. 자, 이제 국화꽃이 완성되었습니다. 어때요?

엉겅퀴[국화과]

민들레꽃도 이런 식으로 그릴 수 있습니다. 아, 그리고 또 있군요. 여러분이 꽃왕관이나 꽃반지를 만드는 토끼풀꽃도 마찬가지예요. 언젠가 제가 멋진 꽃왕관 만드는 법을 가르쳐 드릴게요.

아무튼 이 꽃들은 모두 둥근 머리 모양에서 무수한 꽃들이 피어납니다. 이런 꽃차례를 '두상(頭狀)꽃차례' 라고 하지요. 하나의 꽃대에서 무수히 많은 꽃이 한꺼번에 피어나는 꽃차례입니다. 식물학자들은 그 아름다운 꽃을 공부하면서도 무척이나 딱딱한 전문 용어를 만들기를 좋아하는 모양입니다. 그래도 여러분은 머리 두(頭)자 정도의 한자 실력은 가지고 있을 테지요? 그렇다면 일단 여기까지는 성공입니다.

아 참, 그런데 수수꽃다리꽃의 수를 세러 간 붕붕이는 왜 안 올까요? 붕붕이가 어디쯤 세었을까요?

국화꽃의 슬픈 사연

야생 국화
설상화
통상화

국화꽃은 가운데 통 모양으로 생긴 통상화들과 그 가장자리에 사람의 혀를 닮은 설상화들이 모여 이루어진 통꽃들의 다발입니다. 그런데 우리가 화원에서 보게 되는 다양한 국화들은 들판에서 보는 국화와 달리 모든 꽃이 설상화로 되어 있는 경우가 많습니다. 즉 가운데 둥근 머리 모양을 이루는 통꽃들(통상화)이 없는 거죠. 이렇게 변화된 설상화는 대개 암술과 수술이 없는 무성화입니다. 그래서 우리가 꽃병에 꽂아 둔 예쁜 국화꽃은 씨앗을 만들지도 못하고 시들어 버린답니다.

개량 국화

하나의 꽃대에 마치 이삭처럼 여러 송이의 꽃이 바싹 붙어 피었어요 : 수상꽃차례

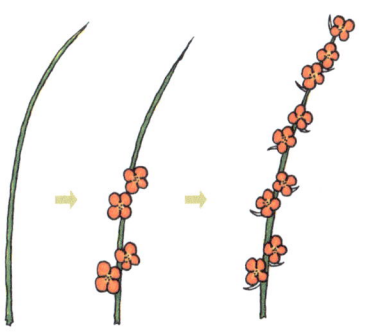

좋아요. 이제 다른 꽃을 그려 볼까요? 이번에는 아주 간단한 것으로 할게요. 우선 긴 선을 멋지게 그려 보세요. 조금 휘어지도록 말이에요. 그리고 선을 따라 꽃을 하나씩 혹은 둘씩 그려 넣으세요. 이 때 꽃이 꽃대에 아주 바싹 붙어야 해요.

자, 보세요. 목련과 달리 하나의 꽃대를 따라 여러 송이의 꽃이 피어 있지요? 이와 같은 꽃차례를 마치 이삭 모양 같다고 해서 한자로 이삭 수(穗)자를 써서 '수상(穗狀)꽃차례' 라고 하지요. 하지만 어려운 이름 따위는 잊어버려도 돼요. 질경이, 사람주나무, 오이풀 등이 이런 꽃차례를 가집니다.

산오이풀[장미과]

75

꽃줄기가 멋지게 자라 있어요 : 총상꽃차례

이제 꽃줄기를 좀 길게 그려 볼까요? 여유가 있어 보이도록 말입니다. 그리고 꽃을 그려 볼까요? 어디선가 본 듯한 인상입니다. 그렇군요, 마치 포도송이 같습니다. 바로 그거예요. 포도의 꽃이 이렇게 생겼답니다. 동구 밖 과수원길 아카시아꽃이 활짝 폈네~ 아카시아꽃도 그렇고요. 여름에 시원한 그늘을 만들어 주는 등나무의 꽃도 이렇게 생겼답니다. 이렇게 생긴 꽃차례를 '총상(總狀)꽃차례' 라고 하지요. 한자로 거느릴 총(總)자를 썼으니 하나의 긴 꽃대가 여러 개의 작은 꽃줄기들을 거느리고 있다는 뜻이겠지요. 긴 중심 꽃대를 따라 작은 꽃줄기들이 늘어서 있고 그 끝에 꽃이 달려 있는 꽃차례랍니다. 하지만 어려운 말은 역시 잊어버리세요.

까치수영[앵초과]

총상꽃차례로 멋을 부려요 : 원추꽃차례

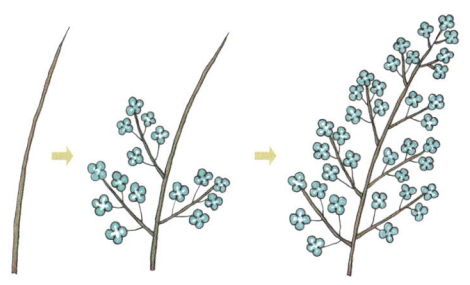

쥐똥나무[물푸레나무과]

쥐똥나무꽃은 이름에 대한 불명예를 극복하기라도 하려는 듯 아주 멋진 꽃차례를 이루고 있어요. 좀 복잡해 보이지만 원리는 간단합니다. 아카시아와 같은 총상꽃차례의 꽃차례를 반복해서 만드는 거예요. 전체적인 틀이 총상꽃차례를 따르고 각각의 작은 꽃줄기들이 다시 총상꽃차례로 만들어지지요. 이런 모양을 '원추(圓錐)꽃차례'라고 합니다. 이름처럼 전체 모양은 큰 원뿔 모양이지요. 여러분이 제일 어렵고 복잡하게 생각하는 것이 바로 이 꽃차례일 거예요. 그런데 꽃들은 이 방법을 무지 좋아하나 봅니다. 꿩의다리, 노루오줌, 솔나물 등 많은 꽃들이 이 꽃차례를 이루거든요.

우산 모양의 꽃무리예요 : 산형꽃차례

이제는 흩어진 꽃줄기들을 맨 위쪽으로 쓸어 올려 볼까요? 그러면 중심 꽃대에 길이가 같은 작은 꽃줄기들이 모이고 그 끝에 꽃이 피어납니다. 마치 멋진 우산처럼 펼쳐지는군요. 멋진 공 모양의 꽃덩이가 되었습니다. 이렇게 우산 모양으로 생긴 꽃차례를 한자로 우산 산(傘)자를 써서 '산형(傘形)꽃차례'라고 합니다. 여름 정원에 보라색의 꽃송이가 무척이나 아름다운 수국꽃 모양이 되었죠? 산벚나무의 꽃들이 달리는 모습도 바로 이런 모양입니다. 단지 꽃줄기 수가 적어서 좀 엉성해 보일 뿐이죠. 미나리, 당근의 꽃도 이런 산형꽃차례의 꽃차례를 이룬답니다.

수국 [범의귀과]

꽃방석이 만들어졌어요 : 산방꽃차례

이제 똑같은 방법이지만 작은 꽃줄기들의 길이를 서로 다르게 해 볼까요? 가운데 꽃줄기가 가장 짧고, 바깥쪽의 꽃줄기는 제일 길어요. 그래서 전체 꽃 모양이 편평한 방석처럼 되었답니다. 이런 꽃차례를 전문 용어로 '산방(繖房)꽃차례'라고 하는데 이름이 정말 어렵지요? 그냥 편평한 방석 모양 정도로만 기억해 두세요. 산에 피는 산벚나무는 우산 모양의 산형꽃차례를 이루는 데 견주어 우리 주위에서 흔히 피는 벚나무는 산방꽃차례를 이룹니다. 찔레꽃이나 앵초 무리도 이런 꽃차례를 가진답니다.

찔레꽃[장미과]

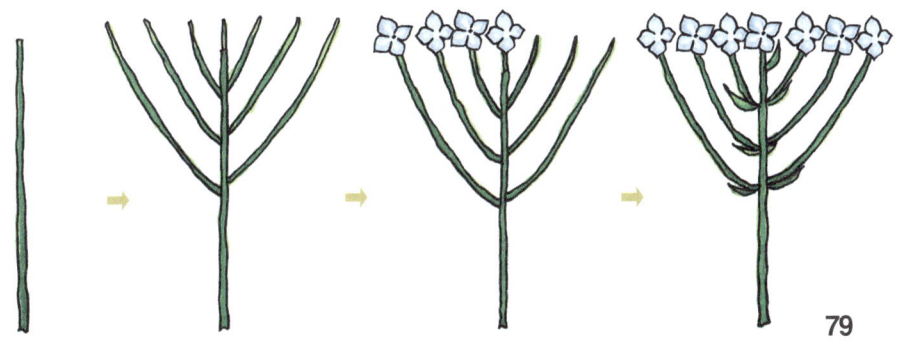

우산과 방석으로 멋을 부려요 : 복산형꽃차례 / 복산방꽃차례

마타리는 평범한 것을 싫어합니다. 그래서 꽃차례를 이중으로 만들었어요. 꽃 전체가 산방꽃차례를 이루는데 꽃줄기의 끝에 작은 산방꽃차례를 따로 또 만들었거든요. 이런 꽃차례를 '복산방꽃차례' 라고 해요. 또 산형꽃차례를 이중으로 만든 꽃들도 있어요. 이를 '복산형꽃차례' 라고 하지요. 그런데 이 기술은 좀 까다로운 모양입니다. 그리 흔하지 않으니까요. 팔손이, 음나무의 꽃들이 이런 복산형꽃차례를 이룹니다.

마타리[마타리과]

복산방꽃차례

복산형꽃차례

꼬리처럼 길게 늘어져 있어요 : 꼬리꽃차례

꽃잎이 없는 꽃들도 무리를 이루어 피어납니다. 이 책 맨 앞에서 보았던 사시나무의 수꽃이나 상수리나무의 수꽃 역시 길게 무리지어 피어나지요. 긴 꽃대를 따라 작은 수꽃들이 촘촘하게 붙어 마치 꼬리처럼 생긴 이런 꽃차례를 '꼬리꽃차례'라고 합니다. 한자로는 꼬리 미(尾)자를 써서 '미상(尾狀)꽃차례'라고도 하지요. 밤나무나 버드나무의 꽃도 이 꽃차례를 이룬답니다. 수상꽃차례하고도 비슷하게 생겼지만 꼬리꽃차례는 거꾸로 축 늘어져 있다는 점이 눈에 띄게 다르죠.

밤나무[참나무과]

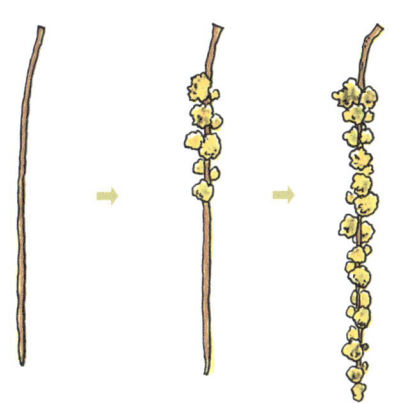

🐝 제가 드디어 꽃의 수를 다 세었어요!

🌼 와우, 대단하군. 그래, 몇 개나 피었니?

🐝 정확하게 삼백오십육 개나 되었어요.

🌼 글쎄, 믿을 수 없겠는데. 붕붕이의 배가 너무 부른 것을 보니 엉뚱한 일만 하다 온 것 같은데.

🐝 흥, 못 믿겠으면 직접 세어 보면 되잖아요.

🌼 별로. 꽃 수를 세는 것은 별 의미가 없거든. 문제는 꽃들이 어떤 질서를 이루는가 하는 것이지. 이미 우리 친구들은 다 알았으니까.

🐝 저도 진작에 알았어요. 덕분에 오늘은 포식을 좀 했죠. 이번에는 제가 문제를 하나 낼게요. 산에 가다 보면 붉은 열매 다발이 아주 예쁜 천남성꽃이 많은데요, 그 꽃의 꽃차례는 어떻게 될까요?

천남성 열매

🌼 그건 아주 쉬워. 두상꽃차례가 길게 늘어난 것처럼 생겼지. 긴 꽃대가 중앙에 있고 그 꽃대를 따라 작은 꽃들이 구슬처럼 둘러 나 있어. 이런 꽃차례를 한자로 고기 육(肉), 이삭 수(穗)자를 써서 '육수(肉穗)꽃차례'라고 해. 꽃대가 제법 두툼한 육질로 되어 있고 가장자리에는 마치 수상꽃차례처럼 꽃이 달리지. 좋아, 이번에는 내가 붕붕이에게 아주 간단한 문제를 낼게. 백합꽃의 꽃차례는 어떻게 될까? 생각 좀 해야 될걸. 이번에는 너의 꽃에 대한 대식가적인 모습말고 전문가다운 면모를 보여 주렴.

천남성[천남성과]
녹색의 포 속에 들어
있는 방망이 모양의
육수꽃차례

육수꽃차례

쉿! 여러분은 알고 있지요? 하지만 붕붕이에겐 비밀이에요. 만약 잘 모르는 어린이가 있다면 오늘 저녁 꽃집에서 백합꽃을 사서 엄마에게 선물하세요. 그러면서 꽃차례를 한번 살펴보아요. 총상꽃차례를 확인할 수 있지요?

여러분이 꽃차례를 제대로 이해했다면 잎차례도 이해할 수 있답니다. 식물의 잎이 달리는 모습도 꽃들이 달리는 모습과 비슷해요. 정원의 꽃과 잎을 하나하나 분리해서 정리해 보세요. 아무래도 꽃은 잎의 변신이라는 말이 맞는 모양입니다.

백합[백합과]

꽃왕관을 만들어요

민들레가 아주 많이 피어난 들판에 서 있다면 멋진 꽃왕관을 만들어 보세요. 노오란 꽃왕관은 참으로 멋지답니다.

우선 꽃은 줄기를 길게 해서 자르세요. 그래야 길게 엮어져 튼튼한 왕관이 될 테니까요. 작고 가냘픈 꽃송이를 골랐다면 여러 송이의 꽃이 필요합니다. 그리고 그림에서 보듯이 한 송이 한 송이 엮어 나가는 거예요. 그럼 줄기가 여러 개 합쳐지면서 튼튼해지겠죠. 그리고 양쪽 끝이 풀어지지 않도록 풀줄기로 두세 군데 단단히 묶어야 해요.

민들레뿐만 아니라 토끼풀꽃으로도 멋진 왕관을 만들 수 있어요. 한 가지 꽃이 마음에 들지 않는다면 여러 종류의 꽃들을 함께 엮어 보세요. 그리고 꽃왕관을 다 만들었으면 꽃팔찌도 만들고 꽃반지도 만들어 보세요.

이제 왕관을 머리에 써 보세요. 그런데 조심해야 한답니다. 벌들이 날아오면 큰일이니까요. 그리고 마지막으로 예쁜 사진도 찰칵!

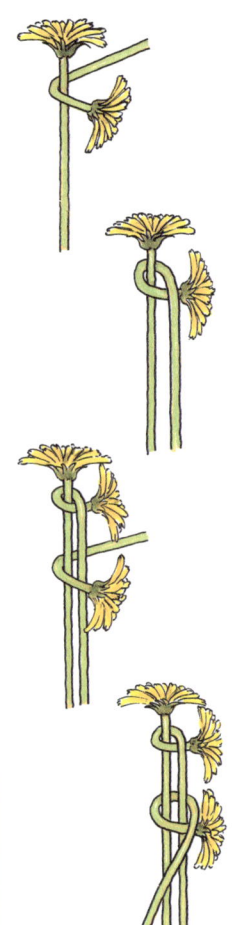

꽃을 말려요

여름이 지나가는 것이 아쉽다면 이 여름을 위해 뭔가를 준비해 보세요. 바로 꽃을 말려 여름을 오랫동안 간직하는 것입니다. 들판으로 나가 꽃을 한 아름 꺾어 말려 두면 가을 늦도록 꽃의 추억을 되새길 수 있으니까요.

꽃을 말릴 때는 바람이 잘 통하도록 하는 게 무엇보다 중요합니다. 우선 이파리를 모두 따세요. 그리고는 줄기를 모아 잡고 가지런히 키를 맞추면 예쁜 공 모양이 된답니다. 그러고 보니 산형꽃차례가 되는군요. 줄기 다발을 예쁜 리본으로 묶으면 더욱 낭만적으로 보일 겁니다. 그런 다음 꽃을 거꾸로 세워 공중에 매달아 놓으세요. 빨랫줄에 매달면 더욱 좋겠군요. 가능하면 햇빛은 피하세요. 그래야 예쁜 색이 계속 유지된답니다.

마음이 급해서 빨리 말리고 싶을 때는 건조기를 이용해도 괜찮아요. 이파리를 딴 꽃을 하나씩 잘 펴서 건조기 속에 넣고 약 65도 정도에서 말려 보세요. 온도를 너무 높이면 꽃이 타 버려요. 건조기를 이용하면 꽃이 아주 빨리 마르긴 하지만 바람에 천천히 말린 것만큼 오래 가지는 않아요. 쉽게 부스러지는 단점도 있고요.

마른 꽃을 꽃병에 가득 담아 창가에 놓아 두면 마른 꽃 냄새가 늦도록 여러분의 몸에 배어 있을 겁니다. 꽃뿐만 아니라 꽃이 지고 난 후 생긴 열매도 말려 보세요.

제4편

꽃의 사랑

꽃잎 속에 비밀이 숨어 있어요 : 암술과 수술

🌼 이제 정말 중요한 이야기를 할 때가 되었구나.

🐝 그럼, 지금부터 꿀이 들어 있는 곳에 대한 이야기를 하는 건가요?

🌼 먹는 것만이 다가 아니야, 붕붕아. 꽃들이 왜 너에게 꿀을 줄 생각을 했을까? 혹시 생각해 본 적 있니?

🐝 그거야 뭐, 제가 귀여우니까 그렇겠죠. 헤헤.

여러분도 정말 그렇게 생각하세요? 꽃이 마음씨가 고와서라고요? 글쎄요, 조금 후면 그 이유를 알게 될 거예요.

이제 꽃의 안쪽에 있는 여러 기관들을 살펴볼 차례가 되었습니다. 꽃잎은 분명 무엇인가를 감싸고 있습니다. 그러니 꽃잎 속에

들어 있는 것은 어쩌면 꽃잎보다 더 중요한 기관일 것입니다. 꽃잎으로 감싸고 그것도 모자라 꽃받침까지 만들어 보호하고 있으니 말예요.

자, 진달래꽃 속을 한번 들여다볼까요?

> 부끄러워요.
> 목련에게 큰소리치길래 진달래님은 씩씩한 줄 알았는데, 역시 수줍음이 있었군요. 진달래님 얼굴이 더 붉어졌어요.

진달래의 꽃잎 속에는 몇 가닥의 가는 대롱처럼 생긴 것이 보입니다. 이것을 '수술'이라고 하죠. 긴 대롱 부분을 '수술대'라고 하고, 수술대 끝에는 '수술머리'라고 하는 둥글게 생긴 돌기가 달려 있습니다. 바로 꽃가루가 들어 있는 '꽃밥'입니다. 손으로 살짝 터뜨려 보세요. 노란 가루가 손에 묻어날 거예요. 붕붕이의 뒷다리에 항상 붙어 있던 바로 그 꽃가루죠. 이 꽃가루 속에는 장차 씨앗을 만들 반쪽짜리 알세포가 들어 있습니다. 이것을 '정핵세포'라고 한답니다. 그럼 진달래의 수술은 몇 개일까요?

〈진달래〉

"숫자 세기는 이제 지겨워요."

"후후, 그래 좀 쉬렴."

　열 개가 들어 있는 것을 확인했나요? 그래요, 진달래는 대부분 수술이 열 개입니다. 그런데 혹시 열한 개라고 센 친구는 없나요? 그렇다면 다시 한 번 살펴보세요. 혹시 가운데 있는 길다란 것까지 세지는 않았는지. 어머, 이미 암술에 대해 이야기를 해 버렸네요.

　그렇습니다. 꽃들마다 수술의 모양과 개수는 다르지만 모두 '수술대'와 '수술머리'로 이루어져 있고, 수술머리에는 꽃가루가 들어 있습니다. 그리고 수술들로 둘러싸인 가운데에는 약간 두툼한 대가 하나 있는데, 이것이 바로 '암술대'입니다. 암술대 끝에는 역시 '암술머리'라고 하는 두툼한 돌기가 있지요. 어때요? 아주 간단하지요?

　암술머리는 끈끈하거나 촉촉한 느낌을 주며, 끝이 약간 갈라져 있는 것을 볼 수 있습니다. 또 암술대의 아랫부분은 볼록하게 부풀어 있는데, 바로 씨앗이 자라는 씨방입니다. 이 씨방 속에는 장차 씨앗으로 자랄 반쪽짜리 알세포가 들어 있습니다. 이렇게 암술은 암술대, 암술머리, 씨방으로 이루어져 있지요. 이미 눈치가 빠른 친구들은 암술과 수술이 무엇을 뜻하는지 알아챈 것 같군요. 어머, 진달래의 얼굴이 점점 붉어지네요. 너무 부끄러워하는 것 같아요.

　그렇습니다. 꽃의 암술과 수술은 서로 사랑하는 사이랍니다. 여러분은 여러분이 어떻게 해서 이 세상에 태어났는지 잘 알고 있을 거예요. 바로 여러분의 엄마와 아빠께서 서로 사랑하셨기 때문이 랍니다. 마찬가지로 진달래의 암술과 수술은 서로 사랑을 해요. 그리고 그 사랑의 결실로 만들어진 씨앗은 암술의 씨방에서 자라 게 됩니다. 그러니까 씨방은 엄마 뱃속의 아기집 같은 곳이지요.

그런데 꽃들은 집안에 따라 암술과 수술의 모양이나 개수가 서 로 다릅니다. 뿐만 아니라 어떤 꽃은 암술만 있고 어떤 꽃은 수술 만 있지요.

암술과 수술을 찾아보아요

부용(아욱과)   박쥐나무(박쥐나무과)   채송화(쇠비름과)

병솔꽃나무(벽오동과)   물레나물(물레나물과)   참나리(백합과)

🌼 그럼 붕붕아, 내가 문제 하나 낼게. 이번에는 숫자 문제는 절대 아니야.

🐝 그럼 좋아요.

🌼 모든 은행나무는 다 열매를 만들 수 있을까?

🐝 은행나무는 흥미 없어요. 향기도 꿀도 없는 은행나무 따윈 취급하지 않을걸랑요.

🌼 좋아, 그럼 호박꽃으로 할게. 호박꽃은 어떨까?

🐝 그 문제라면 자신 있어요. 호박꽃은 호박이 달리는 꽃과 달리지 않는 꽃이 있어요.

🌼 딩동댕~. 아주 잘하는 걸. 호박꽃을 이용할 자격이 충분히 있다고 보아짐.

🐝 보통이죠, 뭐. 헤헤.

호박[박과]의 수꽃에는 수술만 있습니다. 호박의 수꽃. 수꽃에는 열매가 달리지 않죠.

길가의 은행나무를 유심히 본 어린이라면, 어떤 나무는 유난히 열매를 많이 달고 있고 어떤 나무는 전혀 열매가 달리지 않는다는 것을 알아챘을 거예요. 왜 그럴까요?

우리가 제일 처음에 살펴보았던 은행나무나 소나무의 꽃을 기억하세요? 바로 암꽃과 수꽃이 분리되어 있던 꽃 말입니다.

앞에서도 얘기했지만 암술만 있는 꽃은 사람으로 치면 여자에 해당하는 암꽃입니다. 암술에는 씨방이 있어 씨앗이 자란다고 했으니까요. 반대로 수술만 있는 꽃은 남자에 해당하는 수꽃입니다. 꽃가루가 있으니까요.

그런데 은행나무는 아예 암꽃만을 만드는 암나무와 수꽃만을 만드는 수나무로 구분이 됩니다. 그래서 은행이 열리는 나무와 그렇지 않은 나무가 있는 거지요. 물론 열매가 달리는 나무가 암

호박의 암꽃. 우리가 먹는 맛있는 호박은 암꽃에만 달린답니다.

나무이겠지요. 반면에 소나무나 신갈나무, 사시나무는 암꽃과 수꽃이 따로 있긴 하지만 한 나무에 위치를 다르게 해서 핍니다. 붕붕이가 잘 알아맞혔던 호박꽃 역시 하나의 줄기에 암꽃과 수꽃이 달리 피죠. 사실 하나의 식물에서 암꽃과 수꽃이 서로 다르게 피는 종류는 흔하게 볼 수 있답니다. 수박, 참외, 오이 등도 그런 종류에 속하죠. 알고 보면 이들은 한집안 식구들이랍니다.

하지만 뭐니뭐니해도 우리 주변에서 가장 흔하게 볼 수 있는 꽃은 바로 진달래나 목련, 장미처럼 한 꽃에 암술과 수술이 같이 있는 꽃이지요. 이렇게 암술과 수술, 양쪽의 성을 다 갖춘 꽃을 '양성화'라고 해요. 화려한 꽃들은 거의 대부분이 양성화랍니다.

그런데 아무리 살펴봐도 아무것도 보이지 않는 꽃도 있습니다. 붓꽃이나 꽃창포 같은 꽃은 꽃잎의 모양도 어지럽고 꽃잎의 무늬도 어지러운데, 정작 암술과 수술이 보이지 않아 더 어리둥절해지죠. 이렇게 꽃들은 때로 자기들만이 알고 있는 깊숙한 곳에 암술과 수술을 감춰 놓기도 한답니다. 그러니 꽃 속에 암술이나 수술이 보이지 않는다고 해도 너무 놀라지 마세요. 그건 집안 내력일 수도 있으니까요.

붓꽃[붓꽃과]
붓꽃은 암술과 수술을 비밀 장소에 감춰 놓는답니다. 꽃잎의 어지러운 무늬는 그 비밀 지도인 셈이죠.

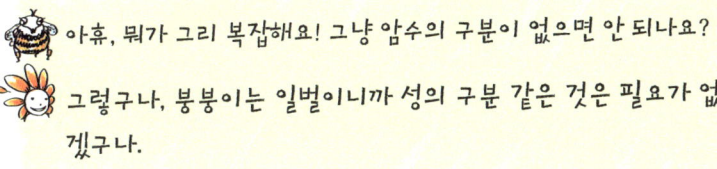

아휴, 뭐가 그리 복잡해요! 그냥 암수의 구분이 없으면 안 되나요?

그렇구나, 붕붕이는 일벌이니까 성의 구분 같은 것은 필요가 없겠구나.

그럼 재미있는 상상을 해 보도록 해요. 사람의 몸 속에 여자와 남자가 동시에 들어 있어 결혼도 하지 않고 혼자서 아이를 낳는다고 생각해 보세요. 그러면 태어나는 아이는 엄마(또는 아빠)를 그대로 닮겠지요. 엄마는 자신이 몸이 허약해서 아이들만은 건강한 아이를 낳고 싶은데 자신과 똑같은 자손밖에 낳을 수 없다면 얼마나 불안하겠어요?

여러분은 어때요? 만약 여러분이 어른이 되어 아기를 낳게 될 때 여러분과 똑같은 아기를 낳는다면 기분이 어떨까요? 처음에는 재미도 있고 신이 나겠죠. 그런데 그 자식이 자라 손자를 낳는데 역시 여러분과 똑같다면요? 그래도 신기할까요? 무엇보다 똑같은 약점을 가지고 있어 불행한 일이 생기면 모두가 함께 힘들 거예요. 이 정도면 무슨 이야기인지 알겠죠? 사람이든 짐승이든 식물이든, 남자와 여자 두 가지 성을 가진 이유를 말이에요.

이렇게 두 개의 반쪽이가 만나 온전한 하나를 이루기 때문에 어떤 짝을 만나느냐에 따라 그 모습이 달라진답니다. 여러분은 텔레비전이나 책을 통해 동물의 세계에서 수컷들이 암컷들 앞에서 자신을 뽐내거나 수컷들끼리 힘겨루기 하는 장면들을 많이 보았을 거예요. 바로 상대방에게 자신이 얼마나 훌륭한가를 알리기 위한 것이죠. 그래야 좋은 짝을 만나 훌륭한 자손이 나올 테니까요.

식물도 마찬가지예요. 자신들의 미래가 될 씨앗을 만드는 데 있어 자신이 가지지 못한 훌륭한 성질을 받아들이고자 하는 마음이 꽃을 암꽃과 수꽃으로 분리시킨 것이죠.

자, 이 정도면 꽃이 암과 수로 나뉘어야만 하는 이유를 잘 알게 되었을 거예요. 그럼 한 꽃 안에 암술과 수술이 같이 있는 건 어떻게 된 거냐고요? 걱정 마세요. 그에 대한 대비책이 다 있으니까요. 그 얘긴 뒤에서 또 하기로 하죠.

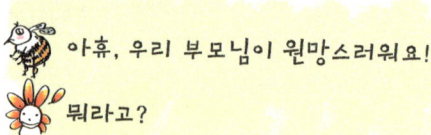

🐝 아휴, 우리 부모님이 원망스러워요!

🌸 뭐라고?

🐝 저에게 만일 나비와 같이 긴 대롱이 입에 달려 있으면 더 많은 꿀을 먹을 수 있잖아요. 그러니 부모님이 원망스러울 수밖에요.

글쎄, 붕붕이 네 입에 긴 대롱이 달려 있으면 너는 뭐가 될까? 상상만 해도 우습네. …… 그런데 이게 무슨 소리지? 붕붕아, 너 아직도 대롱 타령 하고 있는 거니?

 전 아무 말도 안 했는데요.

 그래? 맞아, 뭔가 흐느끼는 소리 같구나. 무슨 일이지?

 기운 내세요, 개나리님. 당신 덕분에 봄이 얼마나 황홀했다고요. 사람들은 당신이 피어나는 걸 보고 나서야 봄이 온다는 걸 알잖아요. 얼마나 영광스런 일이에요. 저는 봄마다 일찍 꽃을 피워 보려 하지만 용기가 없어요. 그 무시무시한 꽃샘바람은 생각만 해도 겁이 나고요. 사실 오랫동안 피어 있는 것도 행복한 일만은 아니죠. 너무 힘들잖아요. 이제 씨앗을 만들었으니 좀 편히 쉬는 것도 괜찮을 거예요.

백당나무[인동과]

 그렇지만 저는 씨앗도 만들지 못하고 이렇게 시들어 가는 중이랍니다.

 저런! 사랑하는 이를 못 만났군요. 어쩌다가…….

 제가 사랑하는 임은 어디에 있는지 알 수조차 없답니다.

 정말 안됐군요. 미안해요. 제 형제들 가운데도 개나리님처럼 씨앗을 만들지 못하는 꽃이 있답니다. 사실 저 역시 씨앗을 만드는 꽃과 그렇지 못한 꽃이 함께 피어나요. 우리 조상들은 형편이 그리 넉넉지 않았어요. 그래서 모든 꽃마다 다 예쁜 꽃잎을 만들 수는 없었어요. 할 수 없이 바깥에 피는 꽃들은 암술과 수술을 포기한 채 꽃잎으로 변신하였어요. 꽃가루를 날라다 줄

벌을 부르기 위해서는 어쩔 수 없는 희생이었죠. 그러면 꽃잎에 이끌려 온 벌들은 안쪽의 진짜 꽃들을 건드려 꽃가루를 묻히게 되는 거죠.

나도 몇 번이나 속았다고요. 예쁘게 생긴 꽃이라 달려가 보면 아무것도 없고……. 그런데 그런 꽃이 한두 가지가 아니에요. 높은 산 계곡에 가면 산수국꽃이 피어 있는데, 보라색의 예쁜 꽃잎이 얼마나 가슴 설레게 한다고요. 하지만 역시 엉터리에요. 우리를 속이기 위한 눈가림일 뿐이거든요.

죄송해요, 벌님. 그래도 저는 꽃가루는 주잖아요.

그래, 붕붕아. 너무 속상해하지 마. 사랑하는 연인을 만나 보지도 못한 채 시들어 가는 개나리를 생각해 보렴.

개나리가 왜 슬픈지 제가 그 슬픈 사랑의 노래를 들려 드릴게요.

개나리의 선조들은 참으로 신중했어요. 그래서 암술과 수술의 위치가 서로 다른 두 가지의 꽃을 만들었지요. 하나는 암술이 수술보다 길게 자란 꽃이었고, 다른 하나는 수술이 암술보다 길게 자란 꽃이었습니다. 암술과 수술이 한 꽃에 있기는 해도 사실 하나는 암술의 기능만, 다른 한 종류는 수술의 기능만 할 수 있어요. 그래서 개나리가 사랑을 이루고 씨앗을 만들기 위해서는 두 가지 종류가 다 있어야 한답니다.

그런데 사람들은 개나리의 사랑은 무시하고 한 종류만 집중적으로 키웠습니다. 결국 다른 한 종류는 거의 사라져 버리고 말았지 뭐예요. 정말 불쌍해요.

개나리[물푸레나무과]
왼쪽 사진은 암술이 길게 자라 있는 개나리이고, 오른쪽 사진은 수술이 길게 자라 있는 개나리입니다. 개나리의 사랑이 이루어지기 위해서는 이 두 종류가 다 있어야 하지요.

 그래도 개나리는 사정이 좋은 편이라고요. 산수국꽃은 아예 암술과 수술이 없단 말이에요.

 붕붕이가 산수국꽃에 불만이 아주 많은 모양이구나.

　여러분은 산수국꽃을 본 적이 있나요? 여름이면 계곡가에서 아주 예쁘게 피는 꽃이랍니다. 자, 꽃을 한번 자세히 보세요. 아주 작은 꽃들이 큰 꽃대에서 작은 꽃줄기를 우산처럼 만들고 있는 '산형꽃차례'를 이루고 있지요.
　그런데 자세히 보면 가장자리의 꽃들은 보라색의 꽃잎이 있는 반면 안쪽의 꽃들은 꽃잎이 보이지 않습니다. 맞아요. 산수국은 산에서의 어려운 형편을 생각해서 아주 알뜰하게 꽃을 피우는 거예요. 전체 꽃을 일일이 꽃잎으로 치장하면 너무 사치스럽다고 생각해서 바깥의 꽃들만 꽃잎으로 치장하였답니다. 그래도 힘이 드는지 대신 암술과 수술을 포기해야만 했지요. 이런 꽃들을 '장식꽃'이라고 한답니다.

이런 방법을 쓰는 꽃은 아주 많습니다. 가을날 들판에 피어나는 들국화 무리도 모두 산수국의 꾀를 흉내내었답니다. 수술과 암술을 포기한 대신 혀 모양의 예쁜 꽃잎을 갖게 된 꽃들을 '설상화'라고 한다는 것은 앞에서도 얘기했죠? 이 설상화들의 희생 정신을 여러분은 잊지 말았으면 좋겠어요.

암술과 수술을 포기한 장식꽃들

산수국〔범의귀과〕   삼잎국화〔국화과〕   금계국〔국화과〕

불두화〔인동과〕   쑥부쟁이〔국화과〕   나무수국〔범의귀과〕

꽃가루를 받아야 해요

 붕붕아, 어디 가니? 친구들이 기다리잖아.

지금 바빠요. 이 냄새 모르세요? 나중에 다시 올게요.

정말이네요. 어디선가 아름다운 향기가 나는군요. 아, 향기가 기분을 참으로 이상하게 만듭니다. 이제야 분위기가 잡히네요. 제가 분위기 봐서 사랑 이야기를 해 드린다고 했지요? 지금이 바로 그 때인 것 같습니다.

우리 붕붕이가 흥분을 하는 이유도 똑같습니다. 꽃들의 사랑이 이제 막 무르익으려 하기 때문이죠. 붕붕이는 이 때가 제일 신이 난답니다. 왜냐고요?

붕붕이의 임무는 무엇일까요? 그렇습니다. 바로 중매쟁이, 꽃들의 중매쟁이지요. 암술에게 꽃가루를 날라다 주는 것이 붕붕이의 일입니다. 그러니 바야흐로 꽃들이 사랑을 나누는 계절인 지금 어찌 신나지 않을 수 있겠어요?

이렇게 꽃들에게 사랑을 전해 주는 중매쟁이는 아주 많습니다. 붕붕이와 같은 벌뿐만 아니라 나비, 박쥐, 새, 쥐, 파리, 물, 바람 등 아주 다양하지요. 바람은 뜻밖이라고요? 글쎄요. 하지만 많은 나무들이 바람을 중매쟁이로 이용한답니다. 왜냐하면 바람은 바라는 것 없이 공짜로 해 주니까요.

지금부터는 좀 어려운 이야기를 해야 한답니다. 감미로운 사랑 이야기를 기대했을 텐데 정말 미안해요. 하지만 씨앗을 만드는 일이 얼마나 중요한지 여러분은 충분히 알고 있으니 이해해 주시겠죠?

우선 꽃이 사랑을 하기 위해서는 수술의 꽃가루가 암술의 암술머리에 붙어야 합니다. 이 과정을 '꽃가루받이'라고 해요. 이 때가 바로 중매쟁이가 나설 때입니다. 붕붕이가 없으니깐 혼자 설명하기가 힘이 드는군요. 사실 이 방면에서는 붕붕이가 전문가인데 말이에요.

제가 문제를 하나 내겠습니다. 꽃이 결혼을 하기 전에 반드시 이루어야 하는 것이 있습니다. 무슨 일일까요?

좀 어려운 문제를 낼 수 없어요?

아니, 붕붕아. 너 벌써 온 거니? 정말 고맙다. 너무 힘들었는데. 사실 꽃들의 결혼은 네 전문 분야 아니니?

이제야 제 진가를 알아보시는군요.

그래, 부탁이야.

에헴, 그럼 제가 답을 말씀드리죠, 에헴. 정답은 바로 꽃가루를 날라 오는 일입니다.

역시 너는 결혼 전문가야. 결혼을 하기 위해서는 일단 짝을 찾는 일이 제일 중요하지. 물론 이건 움직일 수 없는 꽃들로서는 여간 어려운 일이 아니지만.

그래서 우리가 있잖아요. 사실 뭐, 우리가 꽃밥이나 꿀을 보고 일한다고 생각하기 쉽지만, 다 꽃들 좋은 일 시키려고 하는 거예요. 이 일이 얼마나 힘들고 피곤한지 아마 잘 모를 거예요. 꽃들이 주는 꿀을 안 받으면 꽃들이 서운해할까 봐……, 헤헤.

붕붕아, 말이 길면 실수가 있는 법이야. 물론 너의 공은 충분히 인정하지. 하지만 꿀이 탐나는 것도 사실이잖아.

헤헤.

어쨌거나 잘 말해 주었어. 꽃들은 꽃가루가 제때 잘 날아와야 결혼을 하고 씨앗을 남길 수 있는데 만일 꽃가루를 만나지 못하면 그야말로 큰일이지.

꽃 발달의 역사는 바로 꽃가루를 제대로 운반하기 위한 몸부림의 역사라고 할 수 있어요. 아름다운 꽃잎이나 꽃받침, 향기 등은 바로 중매쟁이에게 환심을 사기 위해 발전한 것들이랍니다.

바람에 실려 가요 : 풍매화

 붕붕이는 사시나무의 꽃은 별로 좋아하지 않아요. 물론 나비 역시 사시나무에게는 가지 않지요. 소나무나 참나무에게도 찾아오는 이는 별로 없어요. 이미 알고 있듯이 이들은 꽃잎도 없고 맛난 꿀도 없답니다. 당연하지요. 이들 꽃은 붕붕이보다 훨씬 전에 태어난 것들이니까요.

 하지만 바람은 언제나 이들 나무 곁에 머물기를 좋아해요. 먼 길을 떠나온 바람이 쉬어 가기 위해 나뭇가지에 머물게 되면 가지는 반가움으로 몸을 떨지요. 그렇게 되면 꽃가루가 쏟아져 곧 바람을 타고 하늘을 날아오릅니다. 바람을 타고 이리저리 짝을 찾아 날아다니던 꽃가루는 마침내 자신들을 기다리던 암꽃에게로 갑니다.

이렇게 바람에 의해 꽃가루를 전달하는 꽃을 한자로 바람 풍(風), 중매 매(媒)자를 써서 '풍매화'라고 하죠. '바람이 중매를 서는 꽃'이라는 뜻이랍니다. 그리고 이 방법은 꽃잎이 없는 꽃들이 주로 이용하는 방법입니다. 벼나 옥수수, 밀과 같은 꽃들도 역시 바람을 이용하지요.

바람에 꽃가루를 실어 보내는 방법은 특별한 장치가 따로 필요없답니다. 그저 꽃가루가 바람을 잘 탈 수 있도록 모양을 다듬기만 하면 되죠. 다만 공중에 떠다니는 꽃가루를 잘 받기 위해 암술머리는 가지 끝에 올려놓았습니다. 거기다가 끈적끈적한 액체를 분비하면 더욱 효과적이겠죠. 꽃가루를 잘 받을 뿐만 아니라 일단 붙은 꽃가루는 떨어지지도 않을 테니까요. 또 꼬리같이 피어나는 수꽃들이 대부분 잎이 나기 전에 핀다는 사실을 기억해 보아요. 나뭇잎이 무성하게 자란 후에는 바람에 꽃가루가 날아다니는 데 장애가 되기도 하지만 암술이 꽃가루를 붙잡는 데도 방해가 될 것입니다.

여러분은 꽃가루가 얼마나 멀리 날아갈 수 있다고 생각하세요? 기록에 의하면 꽃가루는 바람을 타고 3,700미터 상공까지 올라가 1,600킬로미터를 날아간다고 하는군요. 대단하지요?

바람에 의해 꽃가루를 이동시키는 방법은 간편하고 별 비용이 들지 않기는 하지만 성공률이 매우 낮은 게 단점입니다. 그래서 이들 나무들은 엄청난 양의 꽃가루를 만들지요. 특히 소나무의 꽃가루인 송홧가루가 날리는 5월이 되면 바람조차 노랗게 물들 정도랍니다.

대부분의 꽃가루는 공기 중에 떠 있다가 비에 의해 땅으로 떨어지거나 여러분의 코로 들어갑니다. 비가 온 뒤 물웅덩이에 노랗게 막이 생겨 있는 것을 본 적이 있죠? 그게 바로 꽃가루들이랍니다.

여러분 가운데는 봄이면 기침으로 고생하는 사람이 없나요? 꽃가루 알레르기 말이에요. 공기 중의 꽃가루가 입이나 코를 통해 몸 속으로 들어가 일으키는 성가신 병 말입니다. 저런, 얘기만 듣고도 벌써 코가 간질거리고 기침이 나오는 친구도 있네요.

꽃가루를 날리는 소나무의 수꽃

그릇에 물을 담아 5월의 따스한 창가에 놓아 보세요. 시간이 지나면 물 위에 노랗게 떠 있는 꽃가루를 볼 수 있지요. 이것을 잘 옮겨서 돋보기나 현미경으로 자세히 관찰해 보세요. 아마도 만화경과 같이 아름답고 황홀한 세계를 경험할 수 있을 겁니다.

곤충에게 부탁해 : 충매화

꽃들은 생각했어요. '불확실한 바람을 더 이상 믿을 수 없어!'라고 말이에요. 그래서 뭔가 특별한 방법을 택하기로 했죠. 바로 중매쟁이를 이용하기로 한 것입니다. 물론 그러기 위해서는 그만한 대가는 지불해야 했지요.

어쨌거나 이 방법은 너무 획기적인 방법이었으므로 꽃들은 앞다투어 중매쟁이에게 부탁을 했습니다. 부탁을 받은 생물들은 아주 행복했겠지요. 경쟁이 심해지자 꽃들은 자신만의 특별한 방법을 발명하여 중매쟁이를 유혹하기도 했습니다. 물론 중매쟁이들도 단골 손님을 확보하는 차원에서 특정한 꽃들만을 고르기도 했고요. 붕붕이도 분명 단골 고객 명단이 있을 텐데 잘 알려 주지 않더군요.

당연하죠. 그건 제 사업인 걸요. 그리고 우리는 고객의 정보를 절대 발설하지 않아요. 그건 신용 사회의 기본이잖아요.

 직업 정신에 투철하니 뭐라 탓할 수가 없군. 아무튼 사업이 잘 되기를 바래.

아무래도 붕붕이에게 기대하기는 좀 어렵겠네요. 하는 수 없지요. 제가 알려 드리는 수밖에요.

사실 이 지구는 곤충들의 행성이라 할 만큼 수많은 종류의 곤충이 살아가고 있습니다. 그래서 꽃들은 저마다 자신들과 궁합이 잘 맞는 곤충들과 짝을 이뤄 다양하고 안정적인 관계를 맺을 수가 있었습니다. 이렇게 곤충을 이용해 꽃가루받이를 하는 꽃들을 '충매화'라 합니다. 꽃들은 자신만의 중매쟁이를 고용하기 위해 곤충들의 특성을 잘 파악해야 했습니다. 물론 곤충들도 고객의 요구를 잘 읽어야 하겠지요

그럼 꽃들이 어떻게 곤충들을 유혹하는지 한번 살펴볼까요?

 붕붕아, 넌 무슨 색을 좋아하니?

 그야 물론 밝고 화사한 색이죠. 사람들처럼 분명하게 색을 구별할 줄은 몰라도 밝고 어두운 것 정도는 알 수 있거든요.

냄새는?

저는 아주 달콤한 향이 좋아요.

붕붕아, 그럼······.

> 잠깐만요, 지금 저한테 뭐 하시는 거예요?
> 붕붕아, 이젠 어쩔 수가 없구나. 네가 직접 설명을 하는 것이 좋을 것 같은데.
> …… 좋아요. 꽃천사님이 하도 졸라 대니까 거절할 수가 없군요.

에헴. 꽃천사님 말씀대로 꽃들이 저희에게 손짓하는 방법에는 몇 가지 원칙이 있습니다. 그것부터 말씀드리죠.

첫째, "곤충의 눈을 자극하라"입니다.

꽃들의 색과 모양이 아주 다양한 것도 이 때문이죠. 하지만 우리 곤충들은 색을 보는 방법이 사람들과 달라요. 우선 붉은색과

초록색은 구분하지 못합니다. 그래서 잎이 무성한 여름에는 붉은 색 꽃이 별로 없고 대신 흰 꽃을 피우는 경우가 많지요. 그리고 또 저희는 푸른색을 아주 좋아합니다. 높은 산의 야생화들이 주로 보라색이나 푸른색 꽃을 피우는 것도 그 때문이죠.

  게다가 우리 곤충들은 특별한 것을 보는 능력이 있습니다. 바로 적외선 탐지기와 같은 눈을 가진 것이죠. 이른 봄에, 아직 바람도 차가운 산 속에서 예쁜 보라색의 꽃을 피우는 얼레지란 꽃이 있습니다. 이 꽃은 행여 우리가 자기들을 알아보지 못할까 봐 친절하게도 꽃잎에다가 무늬를 새겨 넣었습니다. 우리는 그 비밀 지도를 보고 정확하게 꿀의 위치, 에헴~ 아니, 꽃밥과 암술의 위치를 알 수 있는 것이지요. 붓꽃이나 패랭이꽃도 마찬가지인데요, 여러분들이 보기에 오히려 혼란스럽기만 한 꽃잎의 무늬들이 바로 우리 곤충들에게는 귀한 비밀 이야기가 되는 것입니다.

술패랭이꽃〔석죽과〕　　　　얼레지〔백합과〕　　　　솔붓꽃〔붓꽃과〕

꽃색환을 만들어 보아요

여러분이 알고 있는 꽃의 색은 어떤 것이 있나요? 꽃의 종류는요? 여러분이 미술 시간에 그려 보았던 예쁜 색환을 꽃으로 만들어 보아요. 꽃들이 만들어 내는 색 역시 아주 다양합니다. 왼쪽의 꽃사진을 오려서 둥글게 만들어진 색표에 붙여 넣으세요. 그리고 이 다음에 여러분의 정원을 만들 때 색깔별로 나누어서 꽃을 심어 보세요. 여러분이 바로 예술가랍니다.

와~ 짝짝짝! 붕붕아, 너무너무 훌륭해!

 에헴~ 뭘요, 이 정도는 아무것도 아니죠.

이제 두 번째 원칙은 "곤충의 코를 자극하라"입니다.

사실 눈으로 보는 것은 거리의 제한이 있습니다. 멀리 있는 것은 눈에 띄기도 어렵고, 더구나 복잡한 숲에서 다른 나무의 잎이 가려 버리면 자기 위치를 알려 줄 수가 없으니까요. 저희 곤충들을 흥분시키는 것은 사실 아름다운 색보다는 맛난 냄새랍니다.

향기는 꿀샘에서 만들기도 하고 꽃잎 자체가 만들어 내기도 하는데 꽃들은 이 향기를 아주 잘 사용하지요. 특히 복잡하고 험한 곳에서 피어나는 꽃일수록 향기가 더욱 발달되어 있답니다. 그래서 저는 진달래보다는 철쭉을 훨씬 좋아해요. 아마 진달래와 철쭉이 함께 핀다면 저는 진달래에게는 눈길도 주지 않을 거예요.

 붕붕아, 조금 심한 거 아니니? 진달래 얼굴이 심상치 않은 걸. 그리고 지난번엔 진달래와 잘 어울려 놀았잖아.

 그거야 뭐, 이른 봄에는 진달래 외엔 달리 꽃들이 많지 않으니까요. 더구나 겨울 내내 쫄쫄 굶은 터라…….

 그러면 더욱 진달래에게 고마워해야겠구나. 배부르다고 그런 소리를 하면 안 되지.

 그러게 말이에요. 배고픈 벌들을 기껏 구제해 주었더니 하는 소리라고는. 우리야 이른 봄에 피어나니 굳이 향기를 만들 필요가 없어요. 꽃들이 흔하지 않을 때 곤충들에겐 우리가 얼마나 반갑겠어요. 그런데도 굳이 향기를 만드는 것은 낭비예요. 철쭉이야 사는 곳이 높아 봄 늦도록 추우니 이파리가 난 후 늦게 꽃을 피울 수밖에요. 더구나 그 때는 숲 여기저기 꽃들이 많으니까 당연히 향기를 만들어야 경쟁이 되겠지요.

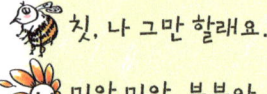 칫, 나 그만 할래요.

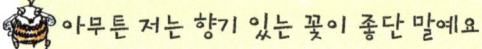 미안 미안, 붕붕아.

아무튼 저는 향기 있는 꽃이 좋단 말예요.

하지만 곤충이라 해서 다 저처럼 향기만 좋아하는 것은 아니에요. 파리란 놈은 좀 지저분해서 냄새에 대한 취향도 남달라요. 제가 들은 이야기인데요, 열대우림 지방에서는 특이한 꽃이 핀답니다. '라플레시아' 라는 꽃인데요. 잎도 없이 줄기이자 뿌리인 조직을 다른 나무에 박아 피어나는 기생꽃이에요. 남의 것을 제 것인 양 가로챈 꽃은 염치도 없이 너비가 1미터까지 큰다고 해요. 더욱이 마치 동물의 시체가 썩는 듯한 악취를 내어 원주민들은 이 꽃을 '시체꽃' 이라고도 부른답니다. 예쁜 구석이라고는 하나도 없어요. 그런데 이 꽃 주위에는 등에 꽃가루를 실은 파리들이 드나든다고 해요.

역시 썩은 고기 냄새를 풍기는 꽃 가운데 '죽은말아룸' 이라는 것이 있는데요. 이 꽃이 피어나는 곳은 주로 바닷가의 갈매기들이 무리지어 사는 곳이라고 합니다. 갈매기 서식지에는 죽은 갈매기 시체들, 죽어 가는 물고기들, 불행에 처한 알들, 배설물 등 단백질 썩는 냄새가 진동하며, 이를 먹기 위해 파리떼가 극성을 부리는 곳이죠. 죽은말아룸이 이와 비슷한 냄새를 피우는 이유를 알 만하죠. 하지만 저는 도무지 이해가 되지 않아요.

   그래도 그건 차라리 정직한 편이에요. 어떤 꽃은 저를 속이는 냄새를 만들어요. 제 여자친구 몸에서 나는 냄새를 흉내내어 저를 속이곤 하죠.

   한 번은 제 여자친구의 향기가 나길래 무조건 날아갔죠. 그 곳에는 제 여자친구가 저를 반기며 두 팔을, 아니 두 날개를 활짝 펴고 있었어요. 반가움에 그만 껴안으려 했는데 그 친구는 꼼짝도 하지 않고 그대로 날개를 벌린 채 있는 거예요. 나중에야 그것이 거울난초꽃이라는 것을 알았죠. 아마 제 친구들이 귀띔해 주지 않았다면 저는 지금까지 제 여자친구로 오해하고 있었을 거예요.

세계에서 가장 큰 꽃인 라플레시아, 너비 1미터, 무게 7킬로그램.

   제 친구들 가운데는 지독한 향기 마니아가 있는데요, 얘네들은 굳이 높고 험한 곳에서만 살아요. 높은 산에는 유난히 향기 좋은 꽃들이 많이 핀다나요.
   아무튼 저와 같은 고상한 취향을 가진 곤충이 많다는 것이 정말 다행입니다.

🌼 그렇구나. 고약한 취향을 가진 곤충들이 많았다면 우리는 아마 거의 악취 수준의 냄새 속에서 살아갈 뻔했구나.

🐝 그러니 저를 너무 구박하지 마세요.

🌼 구박이라니, 무슨 그런 섭한 말을.

🐝 앗, 잠깐 실례······.

 붕붕아, 얘기하다 말고 어디 가?

 잠시 쉬는 시간입니다. 갑자기 급한 생각이 나서…….

 붕붕아!

　잠깐, 바람결에 좋은 냄새가 묻어 있군요. 붕붕이가 이것을 놓칠 수가 있나요? 다시 제가 하죠.

　보통 꽃은 사는 곳이 높고 험할수록 향기가 진해집니다. 높은 곳은 낮은 곳보다 춥기 때문에 곤충의 활동이 약하거든요. 그러니 꽃들은 곤충의 눈길을 끌기 위해 더욱 진한 향기를 내며, 꽃 색깔도 곤충이 좋아하는 보라색 계열을 만드는 거지요. 꽃의 향기는 또한 성가신 해충들을 물리치는 역할도 한다고 합니다. 그래서 많은 해충이 모여 있는 숲 속의 꽃 역시 강한 향기를 만들어 냅니다.

 강한 향기로 곤충을 유혹하는 꽃들

팥배나무〔장미과〕   때죽나무〔때죽나무과〕   철쭉〔진달래과〕

돌나물〔돌나물과〕   수선화〔수선화과〕   시닥나무〔단풍나무과〕

돌꽃〔돌나물과〕   꼬리조팝나무〔장미과〕   털부처꽃〔부처꽃과〕

포푸리를 만들어요

여러분 책상에 혹시 마른 꽃잎으로 만든 예쁜 주머니가 있지 않나요? 사람들은 벌이나 나비만큼이나 꽃 향기를 무척 좋아해서 늘 가까이 두고자 합니다. 그래서 예부터 향기 주머니를 만들었답니다. 꽃잎을 말려 만든 향기 주머니를 흔히 '포푸리(potpourri)'라고 해요. 이것저것 여러 가지를 섞었다는 뜻의 프랑스 말입니다. 이름에서도 휘파람 소리가 나는 것 같지 않아요?

  우선 장미나 수수꽃다리, 제비꽃, 국화꽃 따위의 꽃잎을 잘 말리세요. 그 다음 레몬이나 오렌지와 같이 향기가 강한 열매의 껍질을 가루로 만들어 병에 담고 말린 꽃잎을 넣으세요. 그리고 꽃에서 추출한 오일(꽃집에서 팔아요)을 섞어 마개를 꼭 닫고 햇빛이 닿지 않는 곳에 놓아 두세요. 한 달 정도가 지나면 병에서 아주 독특한 향기가 나오는 것을 알 수 있어요. 자, 이제 포푸리가 완성되었습니다. 여러분이 좋아하는 꽃을 모아 자신만의 향을 지닌 포푸리를 만들어 보세요. 좋아하는 사람에게 선물을 해도 행복하겠지요?

셋째, "적절한 보상을 준비하라"입니다.

아무리 마음씨 좋은 곤충들이 있다 해도 공짜로 해 주기만 하는 건 싫어하겠지요? 그래서 꽃들은 중매쟁이들에게 적절한 보상을 준비해 두었답니다. 바로 꿀이죠. 여러분도 꿀을 좋아하나요? 곤충이 꿀을 먹기 위해 꽃의 여기저기를 밟고 다니는 동안 꽃가루는 곤충의 다리에 달라붙습니다. 가끔 붕붕이 다리에 노란 혹이 붙어 있는 것을 볼 수 있는데 이것이 바로 꽃가루 덩어리입니다. 물론 꽃가루는 곤충의 다리에 잘 달라붙을 수 있도록 표면에 돌기 같은 것들이 나 있습니다. 벌은 꿀을 먹기 위해 애쓰는 동안 자신도 모르게 꽃들의 사랑을 전해 주는 일을 하게 되는 것입니다.

그런데 그 보상은 꿀만이 아닙니다. 꽃가루 역시 훌륭한 보상이 되지요. 꽃가루에는 귀하고 맛난 영양분들이 잔뜩 들어 있거든요. 그래서 우리의 조상들은 소나무 꽃가루(송홧가루)를 가지고 떡을 해 먹기도 했으며 꿀에 꽃가루를 재어 먹기도 했답니다. 가을에 추수한 곡식이 조금씩 줄어들면서 배가 고프기 시작하는 봄철에 꽃가루는 좋은 영양분이었을 것입니다. 봄철에 공기 중을 떠다니는 꽃가루는 물론 사람에게 알레르기를 일으켜 고생을 시키기도 하지만 대부분 우리 몸 속에서 별 탈 없이 분해되어 양분이 되는지도 모릅니다. 그러고 보니 붕붕이가 다리에 잔뜩 꽃가루를 묻히고 다닌 것도 이유가 있었던 것 같습니다.

그런데 어떤 꽃들은 아주 구두쇠라 공짜로 꽃가루받이를 하기도 합니다. 많은 난초 종류가 여기에 해당하죠. 난초 종류는 여러분이 알고 있는 것보다 훨씬 많은데 그 가운데 유럽에서 주로 자라는 100여 종의 난초 종류는 참으로 인색하고 잔꾀를 부리는 것으로 악명 높습니다. 이들이 가장 많이 쓰는 방법은 곤충들을 함정에 빠뜨리거나 속임수를 쓰는 것입니다.

암컷과 비슷하게 생긴 모양으로 만들거나 암컷 냄새를 피워 수컷을 유인하는 방법은 아주 흔한 방법입니다. 어떤 종류는 꽃잎에 벌들의 경쟁자 무늬를 새겨 넣어 공격을 하게 만듭니다. 그 과정에서 꽃가루를 묻히게 되죠. 또 어떤 난초는 진디처럼 보이는 점무늬를 새겨 넣어 진디에 알을 낳는 파리를 유인합니다. 유인된 파리는 난초잎의 물통에 빠져 난초가 원하는 일을 하고야 겨우 빠져 나올 수 있답니다.

벌이 꽃가루를 묻힌 채 꿀을 따고 있는 모습

마지막으로 "전문가를 양성하라"입니다.

꽃들은 엄청나게 많은 곤충들 가운데 자신만을 특별하게 대접해 줄 전문 고용인이 필요했답니다. 물론 이것은 곤충도 마찬가지죠. 그래서 서로 뜻이 맞는 꽃과 곤충 사이에 특별한 관계가 생겼습니다. 붕붕이는 입에 긴 대롱이 없지만 나비는 가지고 있기 때문에 꿀샘이 깊은 곳에 숨겨져 있는 꽃들을 주로 찾아가지요.

이제 다시 관찰을 해 볼까요. 여러분이 보고 있는 꽃들의 꿀샘을 한번 찾아보세요. 꿀샘은 말 그대로 꿀이 들어 있는 부분입니다. 여러분은 한 번쯤 운동장의 빨간 샐비어꽃의 꽁지를 빨아먹었던 기억이 있을 겁니다. 어쩌면 꿀풀의 꽁지를 빨았던 기억도 있겠군요. 아무튼 꽃의 꿀샘을 한번 찾아보세요.

봉숭애[봉선화과]

요기가 꿀샘이 있는 꿀주머니예요

저는 좀 특별한 것을 준비했답니다. 이건 봉숭아꽃이에요. 여름날 여러분의 손톱을 곱게 물들이는 바로 그 봉숭아 말예요. 이 봉숭아의 꿀샘은 어디에 있을까요?

봉숭아는 꿀샘이 꽃의 끝에 둥글게 말린 통에 들어 있기 때문에 이 꿀을 먹기 위해서는 긴 대롱이 필요합니다. 그러니 붕붕이에게는 그림의 떡이나 마찬가지죠. 또 토끼풀은 길고 가는 통꽃들로 이루어져 있어 꿀도 아주 깊은 곳에 감추어져 있습니다. 긴 혀를 가지고 있는 호박벌말고는 꿀을 찾을 수도 없습니다.

토끼풀[콩과]

그런데 꽃들이 곤충들에게는 이야기하지 않은 자기들만의 계략이 있답니다. 바로 한꺼번에 묻어서 슬쩍 일을 치르는 것이죠. 여러분이 알고 있는 많은 꽃들이 복잡한 꽃차례를 이루고 있었지요? 꽃의 크기가 작을수록 힘을 모아 전체적으로 큰 다발을 만들고 있잖아요. 수수꽃다리의 엄청난 꽃송이를 기억해 보세요. 조팝나무는 또 어떻고요? 긴 줄기를 따라 꽃들이 빽빽하게 달려 있습니다. 이것은 중매쟁이가 날아왔을 때 많은 꽃들이 혜택을 보기 위해서입니다. 해바라기를 상상해 보세요. 벌이 꽃잎처럼 보이는 설상화 가운데에 머물면서 얼마나 많은 작은 통꽃들을 밟고 다니는가 생각하면 알 수 있어요.

해바라기[국화과]

초롱꽃과 같은 통으로 된 꽃 역시 하나의 계략으로 볼 수 있습니다. 이것은 방문한 중매쟁이를 가두어 오래 머물게 하는 장치죠. 그만큼 오래 머물면서 더 많은 꽃가루를 묻히게 되는 것입니다. 또 붓꽃은 암술과 수술이 꽃잎 깊숙한 곳에 감추어져 있다고 했지요? 뒝벌이나 혀가 긴 파리가 꽃잎의 화려한 무늬에 이끌

붓꽃[붓꽃과]

조팝나무[장미과]

려 와서 꽃잎 위에 앉습니다. 꿀을 먹기 위해 꽃의 깊숙한 곳으로 기어 들어가다 꽃가루를 암술머리에 묻히게 됩니다. 꿀을 먹고 되돌아 나올 때는 꽃가루를 등에 잔뜩 묻힌 채 나오게 되지요.

 자, 이제 다시 수업을 시작할게요.

 뭐야, 이제 온 거야? 어때, 소득은 있었니?

 아, 눈치를 채셨군요. 죄송해요.

 어쩌겠니, 너의 그 왕성한 식욕을. 하지만 너무 걱정하지 마. 내가 네 대신 수업을 끝냈으니.

 헤헤, 정말 잘 되었네요. 그렇지 않아도 배가 불러 막 졸음이 오려는 참이었거든요.

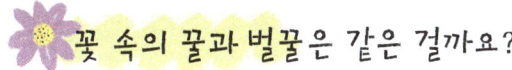# 꽃 속의 꿀과 벌꿀은 같은 걸까요?

벌꿀은 벌들이 꽃 속의 꿀을 운반하여 저장하는 동안 유용한 양분들이 보태어진 것입니다. 꽃 속의 꿀은 일반적인 당류가 주를 이루고 있는 반면, 벌꿀 속에는 당류는 적은 대신 우리 몸에 유용한 아미노산을 비롯하여 비타민C, 비타민B_1, 비타민B_6 따위의 비타민류와 효소류가 많이 있습니다. 특히 프롤린은 면역 체계와 관련이 높은 아미노산인데 여름철에는 벌의 운동에너지원으로, 그리고 겨울철에는 벌집의 온도를 높이는 열에너지원으로 사용됩니다.

또한 벌꿀 속에는 많은 꽃가루가 함유되어 있습니다. 꽃가루는 아주 영양분이 많은 세포입니다. 벌들이 다리에 묻히고 가는 꽃가루 덩어리는 꽃가루를 꿀로 뭉친 경단 형태입니다. 대체로 꿀이 많은 꽃에서는 큰 꽃가루 경단을 만들고 꿀이 적은 꽃에서는 작은 크기의 경단을 만듭니다. 벌은 꽃가루를 벌집에 저장하여 식량으로 사용하지요.

이렇게 벌꿀 속에 유용한 양분이 많은 이유는 벌이 꽃 속의 꿀을 빨아들여 자기 몸 속의 분비물을 보태 새끼에게 필요한 영양식을 만들었기 때문입니다.

그럼 붕붕이가 낮잠을 즐기는 동안 곤충 이야기는 끝내고 특별한 이야기를 하나 할까요? 바로 새 이야기랍니다. 여러분은 혹시 벌새라는 새 이름을 들어 보았나요?

　벌새는 아마 이 지구상에서 가장 작은 새일 것입니다. 정말이지, 크기가 벌만하니까요. 그런데 그 작은 벌새가 여행하는 거리는 세계에서 제일 길다고 해요. 아무튼 이 벌새는 크기가 벌만큼 작기도 하지만 벌처럼 꽃의 꿀을 먹기 때문에 그런 이름이 붙었답니다.

　여러분, 생각해 보세요. 꽃에서 나오는 꿀의 양은 벌에게나 알맞은 정도예요. 덩치가 큰 새들에게는 어림도 없지요. 결국 새를 중매쟁이로 이용하기 위해서는 새의 몸집이 아주 작거나 꽃의 크기가 커지는 수밖에 없습니다.

　우리 나라에서는 곤충이 활동하는 시기와 꽃들이 피는 시기가 잘 맞아떨어져 별 문제가 없지만 간혹 곤충이 뜸한 겨울에 꽃을 피우는 경우는 문제가 심각할 수 있습니다.

겨울이 따뜻한 남부 지방에서는 아열대 기후에서 자라는 늘푸른나무들이 자라고 있습니다. 그 가운데 동백이라는 나무가 있답니다. 동백나무는 겨울에 꽃이 핍니다. 아주 예쁜 꽃이죠. 꽃색은 정열적인 빨간색으로 윤기 나는 초록색 잎과 선명한 대비를 이루고, 꽃잎 속에는 노오란 수술 다발이 아주 이국적으로 들어 있습니다. 그런데 이 동백꽃의 꽃가루를 운반해 주는 중매쟁이는 바로 동박새라는 새입니다. 겨울잠을 자는 곤충에게 의존하기보다는 새에게 의존하는 것이 훨씬 현명한 방법이겠죠? 한 가지 더, 동백나무는 줄기가 튼튼하고 꽃이 큽니다. 바로 새가 앉을 수 있을 만큼 힘을 부여하기 위해서죠.

크기가 벌만큼이나 작은 벌새는 아주 먼 거리를 날아다니며 꽃가루를 옮겨 줍니다

 ## 새들은 무슨 색을 좋아할까요?

대부분의 새들은 열매를 주로 먹는 경우가 많습니다. 그런데 열매들이 익으면 무슨 색이 되나요? 맞아요. 대부분 붉은색입니다. 사과, 감, 딸기, 앵두, 버찌, 산수유, 산딸기…… 모두 새들이 즐겨 먹는 열매들이죠. 새들은 붉은색을 아주 잘 구분합니다. 그래서 어떠한 목적이든 새에게 잘 보이기 위해서는 붉은색을 사용해야 합니다. 동백나무의 붉은색이 여러분 보기 좋으라고 있는 색은 아닌 거죠. 열대 지방으로 가면 새들과 관계를 맺고 있는 꽃들이 많은데 대부분 새가 앉을 수 있을 만큼 크기가 크고 붉은색 계열이랍니다. 꽃들도 참으로 아는 게 많아야 하겠죠?

벚나무[장미과]의 열매 버찌   줄딸기[장미과]

이 밖에 곤충들의 활동이 뜸한 밤에 피어나는 꽃들은 박쥐나 나방을 이용하기도 하고, 열대 지방의 어떤 꽃은 도마뱀이나 쥐와 같은 작은 동물을 중매쟁이로 고용하기도 한답니다.

물론 여러분도 중매쟁이가 될 수 있겠지요. 방법은 아주 간단해요. 바로 꽃가루를 암술머리에 묻혀 주면 된답니다. 과수원의 농부들도 사과나무에 열매를 맺기 위해 붓으로 꽃가루를 묻혀 주거든요. 여러분이 특별히 좋아하는 색깔이나 향기를 지닌 꽃을 만들고 싶을 때는 그런 꽃의 꽃가루를 직접 묻혀 주세요. 사실 이 기술은 다양한 꽃의 모양과 색을 창조해 내는 육종학의 기본 기술이기도 하답니다. 여러분도 새로운 꽃의 창조자에 도전해 보시면 어떨까요?

시냇물을 타고 흘러흘러 : 수매화

때로는 물이 꽃가루받이의 중매쟁이 노릇도 한답니다. 사실 물은 가장 오래 된 방법이죠.

아주 먼 옛날, 최초의 식물 무리를 이루었던 이끼나 고사리, 속새와 같은 식물들은 물이 없으면 후손을 만들지 못했답니다. 이 식물들이 주를 이루고 있던 시대에는 지구의 대부분의 땅이 물에 잠겨 있었습니다. 그러니 수컷 식물에서 암컷 식물로 반쪽 알세포가 이동하기 위해서는 물을 건너야 했지요. 그래서 수컷의 반쪽 알세포에는 헤엄을 칠 수 있는 꼬리가 있었답니다. 마치 지금의 동물과 마찬가지죠. 지금도 소철의 수나무를 보면 아직도 반쪽 알세포에는 꼬리가 달려 있습니다.

그러나 늪이 점점 메워지면서 물이 없는 육지가 됨에 따라 식물들은 물 없이도 이동할 수 있는 새로운 방법을 찾아야 했습니다. 그래서 찾아 낸 방법이 바로 꽃가루랍니다. 꽃가루 속에 가장 중요한 반쪽 알세포를 앉혀 놓은 뒤 바람이나 곤충 따위를 이용해 꽃가루를 퍼뜨리게 된 것입니다.

물 속에서 피어나는 꽃들이 물을 이용해 꽃가루를 퍼뜨리는 데는 크게 두 가지 방법이 있습니다. 우선 물을 따라 꽃가루를 이동시키는 방법입니다. 물 속에서 피는 나자스말의 꽃가루는 녹말이 많이 들어 있어 물보다 무겁기 때문에 물을 따라 조금씩 가라앉으면서 이동하다가 암술의 머리에 달라붙습니다. 붕어마름, 거머리말 등도 이런 방법을 사용하지요.

물 속에서 암꽃과 수꽃이 따로 피는 나사말은 아예 수꽃이 물을 따라 이동하여 암꽃에게 직접 찾아가 꽃가루를 전해 줍니다. 아직 덜 자란 나사말 수꽃은 주머니에 담겨 물 속에 있다가 완전히 자라면 주머니가 열리면서 물 위로 떠올라 떠다닙니다. 암꽃

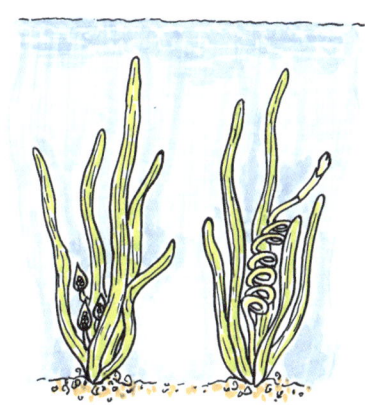

나사말 수꽃(왼쪽)과 암꽃(오른쪽)이에요

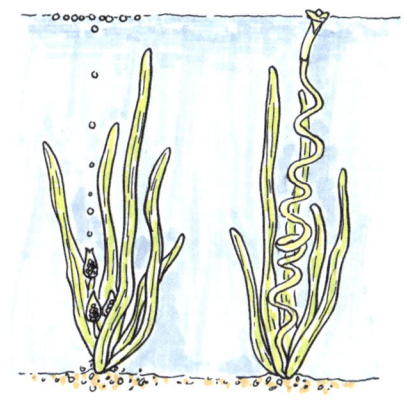

이제 어른이 되었어요

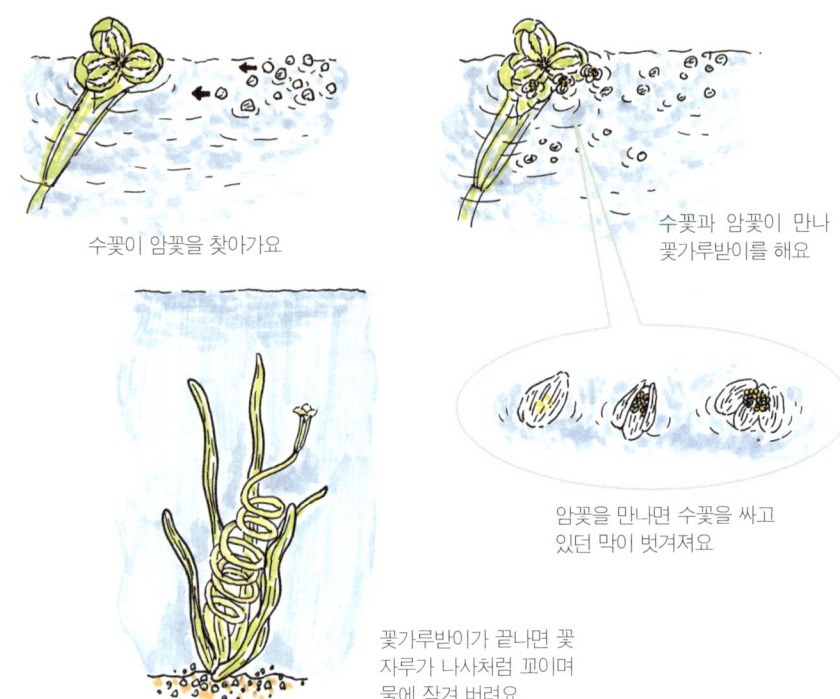

수꽃이 암꽃을 찾아가요

수꽃과 암꽃이 만나 꽃가루받이를 해요

암꽃을 만나면 수꽃을 싸고 있던 막이 벗겨져요

꽃가루받이가 끝나면 꽃자루가 나사처럼 꼬이며 물에 잠겨 버려요

역시 완전히 자라기 전까지는 물 속에 있다가 성숙되면 물 위로 떠올라, 떠다니던 수꽃과 만나게 됩니다. 수꽃은 컵처럼 생긴 암꽃에 빨려 들어가면서 꽃가루를 암술에 묻히게 됩니다. 이렇게 꽃가루받이가 끝나면 암꽃은 꽃자루가 나사처럼 꼬이면서 물에 잠겨 버립니다.

이처럼 물을 이용해 꽃가루받이를 하는 꽃들을 물 수(水)자를 써서 '수매화'라고 합니다. 그러나 물 위에서 피는 수련은 곤충을 중매쟁이로 이용하는 충매화랍니다.

금지된 사랑

 그런데 꽃들의 사랑에도 꼭 지켜야 할 한 가지 원칙이 있습니다. 바로 자기 자신의 꽃가루는 절대 받아들이지 않는 것입니다. 한번 생각해 볼까요?

 여기 아름다운 백합이 한 송이 있습니다. 수술과 암술은 꽃잎만큼이나 아주 정갈하고 우아하네요. 그런데 한 송이 백합꽃 속의 암술과 수술은 똑같은 부모에게서 태어난 쌍둥이 남매나 다름없습니다. 그러니 가지고 있는 성질, 곧 유전자가 똑같습니다. 그런데 똑같은 유전자를 지닌 이들 남매끼리 결합을 해 버리면 원래 꽃이 암과 수로 나뉘게 된 의미가 없어져 버리겠지요. 따라서 암술은 다른 백합꽃으로부터 온 꽃가루를 받아야 하며, 수술의 꽃가루는 다른 백합꽃의 암술머리에 붙어야 합니다.

 그런데 꽃가루받이는 한 송이 내에서도 얼마든지 일어날 수 있어요. 꽃가루가 날려서 옆에 있는 암술머리에 달라붙는 것을 어쩌겠어요. 그러니 이런 일이 생기지 않도록 대책을 세워야겠지요.

 특히 곤충을 이용하는 꽃들은 자신의 꽃가루를 묻히게 될 확률이 높습니다. 곤충이 꿀을 먹느라 꽃을 마구 밟고 다니는 동안 꽃가루가 암술머리에 붙을 수가 있거든요.

 그럼 꽃들이 이런 위험성에도 불구하고 한 꽃에 암술과 수술을 동시에 지니는 이유는 무엇일까요? 그건 비용 문제 때문이에요. 만약 한 꽃에 암술이나 수술 한 가지만 있다면 꽃가루를 옮기는

데 드는 비용이 두 배나 되겠지요. 다른 꽃으로부터 꽃가루를 운반해 오고, 자신의 꽃가루를 다른 꽃으로 옮겨야 하니까요. 그래서 운반해 온 꽃가루를 풀면서 동시에 자신의 꽃가루를 옮길 수 있도록 한 꽃에 두 가지를 모두 두는 것입니다.

제꽃가루받이를 피하는 방법

❶ 암꽃과 수꽃은 동시에 성숙하지 않는다. 한 꽃에 있는 암술과 수술, 혹은 한 그루에서 피는 암꽃과 수꽃의 성숙 시기를 달리하여 자신의 꽃가루가 묻지 않도록 한다. 대신 다른 꽃의 성숙한 꽃가루로 꽃가루받이를 한다.

❷ 수술과 암술의 형태가 다른 두 가지 꽃을 만든다. 예를 들어 개나리는 암술이 길고 수술이 짧은 꽃, 수술이 길고 암술이 짧은 꽃의 두 가지를 동시에 만든다.

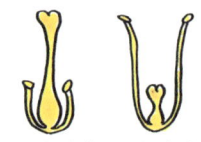

암술이 길다   수술이 길다

❸ 암술과 수술의 방향을 반대로 한다. 주로 바람에 의해 꽃가루받이를 하는 풍매화의 경우, 암술은 위를 향하고 수술은 아래로 향하게 해 자신의 꽃가루가 올라오지 못하도록 한다. 결국 멀리서 바람을 타고 날아온 다른 꽃의 꽃가루만이 암술에 앉을 수 있다.

암술은 위를 향한다

수술은 아래를 향한다

어쨌든 암술머리는 정확하게 자신의 꽃가루를 알아보는 방법을 찾아 냈습니다. 사실 자기 형제를 못 알아본다는 것은 문제가 있겠지요. 우선 암술머리는 꽃가루의 출처를 조사합니다. 방법은 간단해요. 자신들의 암술에 있는 무늬와 꽃가루의 무늬를 확인한 다음, 자신들의 징표인 특정한 단백질을 공동으로 소유하고 있는가 하는 것을 조사합니다. 만일 자신과 똑같은 특정한 단백질을 가지고 있는 것이 확인되면 암술머리는 그 꽃가루를 받아들이지 않습니다.

그러나 어쩔 수 없이 자신의 꽃가루를 받아들여야 할 때도 있습니다. 특히 일 년밖에 살지 못하는 풀꽃 종류에 그런 일이 많지요. 오랫동안 기다려도 꽃가루를 만나지 못한 경우에는 자신의 꽃가루라도 받아

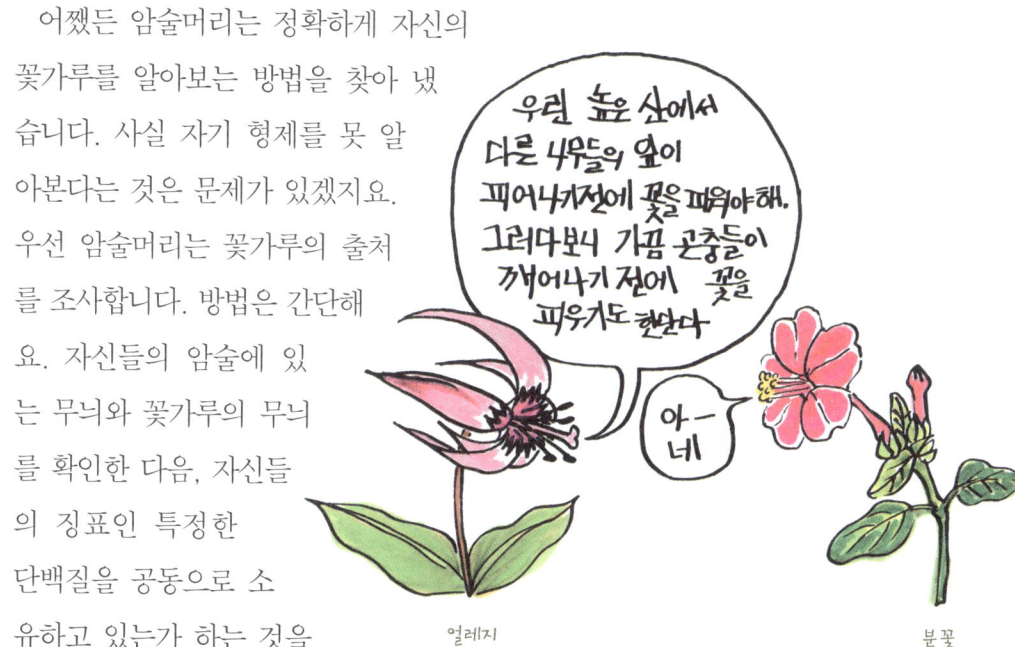

얼레지

분꽃

들여 씨앗을 만들어야 합니다. 그래야 다음에 다시 기회를 가질 수 있으니까요. 이렇게 자기 자신의 꽃가루를 받는 것을 '제꽃가루받이'라고 하지요.

사랑을 완성해요

자, 우여곡절 끝에 꽃가루가 드디어 암술머리에 도착했습니다. 이제부터는 진짜 사랑을 이루기 위해 노력해야 할 때죠. 뭔가를 이루는 일은 그만큼 쉽지가 않군요.

🌼 붕붕아, 잘 들어. 네가 한 일이 어떤 결과를 낳았는지 너도 궁금하지? 어디 한번 직접 보기로 하자. 붕붕아, 너 지금 어느 꽃에 갔다 왔니?

🐝 물론 제 안목을 말해 주는 백합에게 갔다 왔지요.

🌼 그래, 백합은 정말 감정이 풍부한 꽃이지. 그럼 그리로 한번 가 볼까?

여러분, 조용히 따라오세요. 백합은 무척 감수성이 예민한 꽃이랍니다.

붕붕이 너, 꽃가루는 확실하게 전달해 주었겠지?

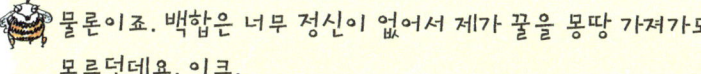
물론이죠. 백합은 너무 정신이 없어서 제가 꿀을 몽땅 가져가도 모르던데요, 이크.

백합의 암술머리는 유난히 크며 세 갈래로 가지런히 갈라져 있습니다. 백합은 붕붕이가 데려온 짝이 무척이나 마음에 드는 모양입니다. 백합의 암술머리에 맺혀 있는 이슬이 보이죠? 백합은 내내 기쁨의 눈물을 흘리고 있습니다. 이 눈물은 노오란 꽃가루가 암술머리에 닿아 신방으로 이동하는 데 큰 도움이 될 거예요.

아차, 여러분의 보통 눈으로는 더 이상 볼 수 없겠네요. 제가 이야기를 해 줄 테니 여러분의 마음으로 한번 그려 보세요.

백합[백합과]

암술머리에 앉은 꽃가루는 자신의 몸 속에 있던 작은 반쪽짜리 알세포(정핵세포)를 암술의 씨방에 있는 알세포에게 넣어 주어야 합니다. 이를 '수정'이라고 하지요.

암술머리에 앉은 꽃가루는 제일 먼저 꽃가루관을 내립니다. 그러면 꽃가루의 표면에 있는 발아 구멍으로부터 긴 꽃가루관이 내려옵니다. 암술대는 빈 통으로 되어 있어 꽃가루관이 지나갈 수 있거든요. 꽃가루관은 효소를 분비하여 암술대의 세포벽을 녹여 가면서 아래로 내려갑니다. 그 다음 꽃가루의 단단한 껍질이 녹기 위해서는 분해 효소가 필요한데 이 분해 효소는 암술머리에서 분비되는 끈적이는 액체에 들어 있지요. 이 점액 물질은 꽃가루의 두꺼운 외투를 녹일 뿐만 아니라 꽃가루관이 쉽게 지나갈 수 있도록 윤활유 역할을 하기도 한답니다. 암술대 속은 평소에는 비어 있지만 꽃가루가 앉게 되면 점액 물질로 가득 차게 되면서 꽃가루의 이동을 빠르게 진행시킵니다. 이 암술액에는 당류와 아미노산이 풍부하여 혹시라도 제대로 성숙되지 않은 꽃가루가 들어오면 성숙을 촉진하는 역할도 합니다. 또한 왁스질이 바깥쪽에 분비되어 물기가 마르는 것을 막습니다. 또 지독한 화학 물질을 포함하고 있어 해충이나 병이 생기는 것을 막아 줍니다.

꽃가루받이가 되면 꽃의 온도는 전체적으로 올라가는 현상을 보입니다. 모든 것을 빨리 이루고자 하는 의도에서죠. 꽃가루도 열이 나기는 마찬가지입니다. 꽃가루의 온도가 높으면 꽃가루관의 성장 속도가 빨라지거든요.

특히 꽃가루는 불이 잘 붙는 물질로 이루어져 있는데 달구어진 철판 위에다 뿌리면 마치 화약처럼 불을 뿜습니다. 그래서 예전에는 극장 무대에서 뜨거운 삽 위에다 꽃가루를 뿌려 인공적인 번개 효과를 내었다고 합니다.

꽃가루에서 꽃가루관이 발달하고 암술대를 통과하는 것이 말처럼 쉬운 일은 아닙니다. 대부분의 나무들에게 있어 꽃가루받이가 이루어지고 난 후 수정이 되기까지 걸리는 시간, 즉 꽃가루관이 만들어지고 꽃가루가 이동하여 암술의 알세포와 결합하기까지는 짧게는 몇 분에서 길게는 13개월까지 걸립니다. 암술대가 아주 짧은 봉숭아는 한 시간에서 한 시간 반이면 벌써 꽃가루가 씨방에 도달합니다. 채송화는 두 시간, 호박은 다섯 시간에서 여섯 시간, 그리고 백합은 이틀이나 걸린다고 합니다. 그러니 백합을 지켜보기 위해서는 든든한 의자가 필요하겠군요. 하지만 이것도 소나무에 견주면 아주 순간입니다. 소나무는 꽃가루받이에서 수정까지 13개월이나 걸리거든요.

꽃가루받이와 수정

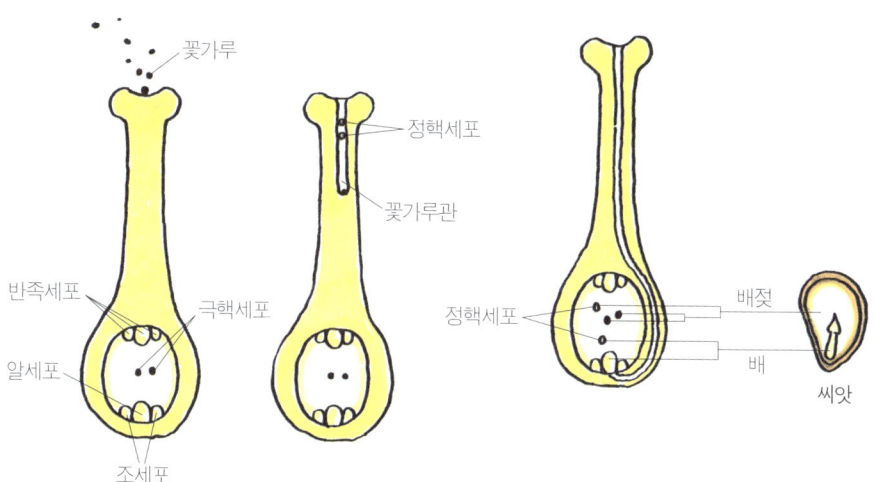

길게 늘어난 꽃가루관은 암술대를 통과하여 드디어 씨방에 도달합니다. 꽃가루관을 따라 들어가는 정핵세포는 두 개인데, 그 가운데 하나는 씨방 속의 알세포와 결합하여 씨앗을 만듭니다. 나머지 하나는 씨방 속의 극핵세포와 결합하여 씨앗 속의 어린 싹이 먹고 자랄 젖을 만듭니다. 결국 꽃들의 결혼은 이중으로 이루어지는 셈이죠. 하나는 배를 만드는 결합이고, 나머지 하나는

꽃가루의 신비

눈치 빠른 친구들은 이미 꽃가루의 성질을 몇 가지 알아낼 수 있었을 거예요. 꽃가루는 바람을 타거나 곤충의 다리 혹은 새의 부리나 깃털에 묻어 먼 여행을 해야 합니다. 그러려면 우선 꽃가루의 껍데기가 아주 단단해야겠지요. 그래서 대부분의 꽃가루는 두꺼운 특수 외투를 입고 있답니다. 두껍다고는 하지만, 여러분 상상해 보세요. 꽃가루의 크기가 얼마인 줄 아세요? 아주 작게는 천분의 일 센티미터에서 제일 큰 것이 백분의 일 센티미터 정도입니다. 0.001센티미터에서 0.01센티미터 정도라는 말이죠.

또 꽃가루의 껍데기에는 돌기가 있습니다. 일단 암술머리에 잘 붙기 위해서는 표면이 울퉁불퉁한 게 좋겠죠. 물론 중매쟁이에게서 떨어져 나가지 않기 위해서라도 돌기는 꼭 필요합니다. 그리고 바람을 타고 다니는 꽃가루는 날개 같은 돌기가 있어 바람을 잘 탈

배를 먹여 살릴 배젖을 만드는 것이지요. 이를 식물학자들은 '중복 수정'이라 합니다.

 이렇게 해서 꽃들의 가장 중요한 의식의 하나가 완성되었답니다. 자, 이제 기다려 주기로 해요. 지금이 백합에게는 아주 중요한 순간이거든요.

수 있답니다. 이 돌기들 사이에는 몇 개의 빈 공간이 있는데 이것이 바로 꽃가루관을 내릴 발아 구멍입니다. 발아 구멍의 수는 꽃의 종류마다 차이가 있지요.

 그런데 여러분, 놀라지 마세요. 꽃가루는 꽃의 종류마다 같은 것이 하나도 없답니다. 작은 꽃가루의 모습은 꽃잎들만큼이나 엄청난 패션 감각을 보여 주는 최고의 걸작입니다. 길쭉한 것, 납작한 것, 돌기가 긴 것, 돌기가 짧은 것, 사선 무늬가 있는 것, 체크 무늬가 있는 것, 움푹 들어간 것, 볼록 튀어나온 것……. 정원에 놓아 둔 접시에 떨어진 노오란 가루를 현미경으로 들여다보면 얼마나 많은 꽃가루 종류가 있는지 놀라지 않을 수 없답니다.

 하지만 더욱 놀라운 것은, 이 꽃가루는 단단한 외투 덕분에 수십만 년 동안 변하지 않고 그 모습이 그대로 유지되었다는 것입니다. 여러분은 〈쥐라기 공원〉이라는 영화를 보았을 거예요. 옛날, 공룡들이 즐겨 먹었던 식물들을 어떻게 알 수 있었을까요. 물론 식물화석을 보고 공룡이 살던 지질 시대와 비교하면 알 수 있습니다. 그러나 더 중요한 것은 그 당시의 식물의 꽃가루를 분석하는 것입니다. 그러니 꽃가루는 지구 생물 역사를 연구하는 아주 중요한 자료가 되겠지요. 미세한 꽃가루의 놀라운 힘을 알 수 있지요?

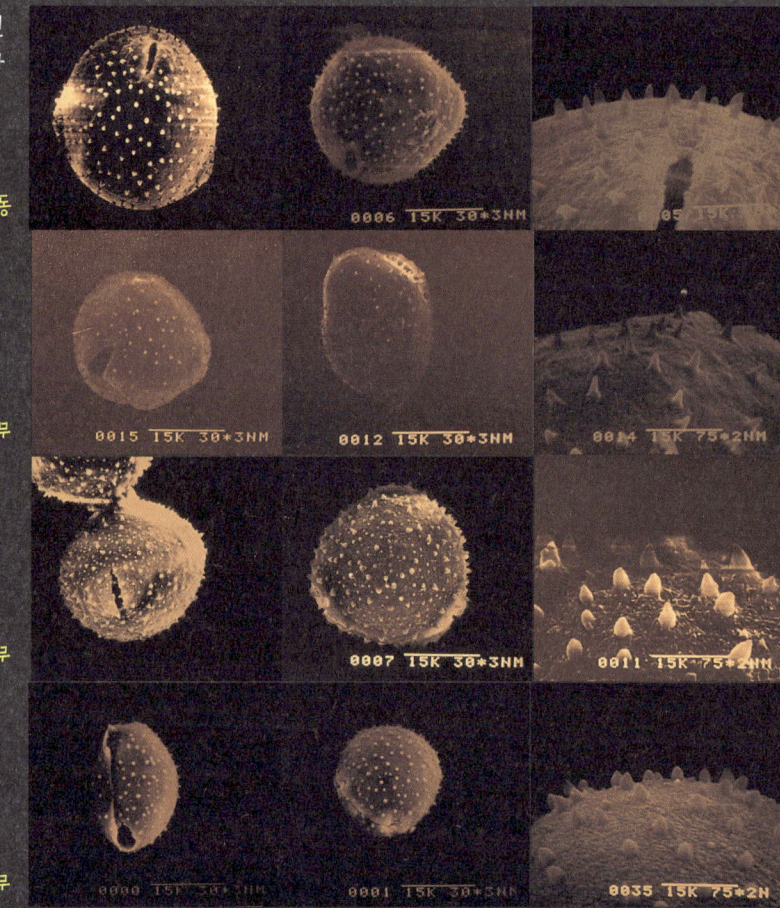

꽃가루를 전자현미경으로 들여다 보았어요

인동

괴불나무

홍괴불나무

댕댕이나무

🐝 흑흑!

🌼 무슨 일이야, 붕붕아?

🐝 백합의 꽃잎이 그만…….

🌼 백합 꽃잎이 시들어 버렸다는 말이지?

🐝 예, 흑흑.

🌼 붕붕이에게 이런 자상한 면이 있는 줄 몰랐는데.

🐝 제가 얼마나 꽃을 사랑하는데요. 어제까지 순결하게 피어 있던 백합이 이렇게 되다니……. 혹시 어제 제가 뭐 잘못했나요?

🌼 이런, 착하기도 해라. 붕붕아, 이건 백합이 드디어 사랑을 이루었다는 증거야. 물론 네 공이 아주 컸지. 자, 그만 울고 내 얘기를 계속 들어 보렴.

　식물분류학의 아버지라 불리는 린네 아저씨는 식물의 꽃잎을 '신방의 커튼' 이라 불렀답니다. 결국 아름다운 꽃잎은 어젯밤의 사랑을 위해 준비한 거란 말이죠. 이제 멋진 사랑을 이루었으니 꽃잎으로서는 제 할 일을 다한 셈이에요.

　이렇게 벌이나 나비를 중매쟁이로 이용하는 현화식물들은 흔히 수정이 되기 전까지는 강렬한 향기와 색으로 곤충을 유인하지만, 일단 꽃가루를 자신의 꽃에 묻히고 나면 향기는 금세 사라지고 꽃잎 역시 시들어 버리고 만답니다. 수정이 되지 않은 꽃들은 며칠 동안 계속 향기를 피우며 피어 있지만 일단 수정이 되면 30

분도 채 안 되어 향기가 사라지기도 합니다. 나팔꽃은 아침에 피어났다가 오후가 되면 꽃잎이 시들어 버리지요.

　꽃이 시드는 건 꽃잎에 들어 있던 양분이 새로 잉태된 씨앗으로 한꺼번에 이동하기 때문입니다. 꽃잎에는 단백질을 포함해 아주 맛난 물질들이 많이 들어 있거든요. 그래서 개미들이 꽃잎을 아주 좋아하지요. 개미뿐 아니라 많은 곤충들이 꽃잎을 즐겨 먹습니다. 꽃들은 꽃잎 속의 양분들을 그냥 버리지 않고 이제 막 잉태된 씨앗이나 그 밖의 생장 중인 조직으로 옮긴답니다.

 **꽃잎차를 마셔요**

 꽃잎 속에는 비타민과 아미노산 따위의 맛나고 몸에 좋은 성분들이 많이 들어 있습니다. 이 꽃잎을 따뜻한 물에 우려낸 꽃잎차는 맛도 좋지만 건강에도 아주 좋지요. 그래서 우리 조상들은 꽃을 이용해 여러 가지 꽃잎차를 즐겨 마셨습니다.

꽃잎차는 여러 가지로 만들 수 있어요. 여러분이 이따금 꿀을 빨아먹곤 하던 꿀풀 역시 꽃잎차로 만들 수 있어요. 산에서 피어나는 꿀풀을 따서 잘 말린 후 따뜻한 물에 달여 마시면 됩니다.

국화꽃차는 10월에 황금색의 국화꽃을 따서 가을볕에 잘 말려 두었다가 따뜻한 물에 우려낸 차입니다. 예부터 국화꽃차는 두통과 어지러움을 없애 준다고 했어요. 또 국화꽃의 향기가 그대로 스며 있지요.

여러분의 아빠께서 지난밤에 술을 드셨다면 칡꽃차를 만들어 드리세요. 칡의 꽃은 여름에 아주 예쁜 보라색으로 피어납니다. 몸에 좋은 기름 성분이 아주 많이 포함되어 있는데, 햇빛에 말리면 이 성분이 다 날아가기 때문에 그늘에서 말려야 합니다. 그늘에서 잘 말린 꽃을 끓인 물에 넣고 10분 정도 두었다 따뜻한 물을 그대로 마시면 된답니다. 이제까지 칡뿌리만 알고 있었다면 이번 기회에 꽃에 대해서도 기억해 두세요.

그러나 꼭 한 가지 주의할 게 있어요. 꽃 가운데는 아주 독한 물질을 가지고 있는 것도 있으니 꽃으로 차를 만들 때는 꼭 어른들께 여쭤 봐야 해요.

143

제5편

씨앗이 달렸어요

- 와, 눈이 온다!
- 며칠 조용하더니 웬 난데없는 눈타령이니? 비도 아니고.
- 잘 봐요, 하늘에 흰눈이 날아다니잖아요. 에취, 이게 뭐야, 에~취!
- 붕붕아, 그건 사시나무의 열매야.
- 사시나무의 열매라고요?
- 그래, 지난번에 개나리가 벌레라고 소리친 일 기억하지? 그 사시나무의 꽃이 벌써 열매를 만든 거야. 눈처럼 보이는 저 솜털은 열매가 바람을 타고 잘 날아갈 수 있도록 도와 주는 비행 장치지.

 어~휴, 아이 성가셔. 요즈음은 통 재미가 없어요.

 왜? 꽃들이 많이 피어서 좋아라 할 때는 언제고?

 꽃들이 변했어요. 조금만 건드려도 화를 내고 막 신경질도 부려요. 그렇다고 꿀이 맛난 것도 아니에요. 꽃들이 예전 같지가 않아요.

 그렇구나. 이제 꽃들에게도 운명의 시간이 다가오는가 보구나. 하지만 곧 다른 무리의 꽃들이 피어날 텐데, 그렇게 빈둥거리지만 말고 꽃에 대해 공부라도 좀 하는 게 어때? 아니, 붕붕아. 어디 가려고?

 꽃천사님이 공부하라 하는데 옆에 있을 수 있겠어요?

 붕붕아, 붕붕아~.

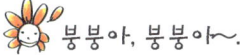
사시나무의 솜털 같은 열매

 붕붕이가 요즈음 무척 심심한 모양입니다. 앞다투어 피던 꽃들이 잠시 주춤하기 때문인가 봐요. 그래요, 이제는 꽃들이 열매를 맺을 때입니다. 꽃들이 사랑의 결실로 만든 씨앗을 키우고 열매를 만들어야 합니다. 그래서 대부분의 꽃들은 시들고 별 향기도 없답니다. 붕붕이의 제일 큰 불만이죠.
 일찍 피어났던 사시나무는 이미 씨앗을 멀리 날려 보냈군요. 예쁘게 피어났던 민들레의 노란 꽃잎도 어디론가 사라지고 대신 하얀 솜뭉치가 피어 있습니다. 줄기를 꺾어

하얀 솜뭉치만 남은 민들레 홀씨

훅 하고 불어 보세요. 씨앗들은 날아가고 줄기 위에는 구멍이 숭숭한 열매 대롱이 보입니다.

마당의 명자꽃을 보세요. 못생기긴 했지만 초록색의 제법 굵은 열매가 달려 있어요. 진달래의 통꽃이 떨어진 자리에도 길쭉하고 볼록한 씨앗주머니가 달려 있습니다. 꽃이 피었던 모든 자리에는 열매나 씨앗주머니가 달려 있습니다. 찔레꽃은 가지마다 빨간 열매들이 달렸습니다. 참으로 예쁘고 탐이 납니다. 도도하던 장미도 은근히 부러운 눈치입니다. 원래 장미도 찔레꽃과 마찬가지로 탐스런 꽃송이가 지고 난 자리에 열매가 달렸답니다. 그러나 너무 예쁜 것이 탈이 되고 말았지 뭐예요. 사람들이 장미의 모든 힘을 오로지 아름다운 꽃잎과 향기를 만드는 데 쓰기만을 원해 결국 열매 맺는 일을 못 하게 되고 말았어요.

하지만 장미님, 힘내세요. 당신은 비록 씨앗은 만들지 못하지만 많은 연인들의 사랑을 전달해 주는 중요한 일을 하잖아요. 당신은 여전히 꽃의 여왕이랍니다.

진달래 꼬투리　　　　　명자꽃 열매　　　　　찔레꽃 열매

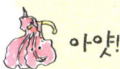 아얏!

 앗, 깜짝이야! 정말 미안해요. 살짝 부딪힌 것뿐인데. 정말 죄송해요.

 아냐, 붕붕아, 정말 고마워.

 예? 그게 무슨 말씀이죠?

붕붕이가 어디 있는가 했더니 봉숭아 꽃밭에 있었군요.

봉숭아는 배가 불룩하니 부풀어 있습니다. 봉숭아꽃은 하나의 몸에 분홍색, 붉은색, 흰색 꽃이 함께 핍니다. 햇빛과 비를 흠뻑 받은 봉숭아는 줄기 끝에서 자꾸자꾸 잎이 피어나면서 그 사이로 꽃이 핍니다. 꽃잎 속에 숨어 있던 씨방에는 씨앗이 들어 있습니다. 어리영벌이 날라다 준 꽃가루가 암술에 묻어 씨앗을 잉태했습니다. 위로는 자꾸 꽃이 달리고 아래부터 차례로 씨앗주머니가 만들어집니다. 그런데 아무래도 붕붕이가 일을 저지른 것 같네요.

씨앗주머니가 부풀어 있는 봉숭애[봉선화과]

 너, 또 무슨 사고 친 거니?

 아니에요, 조심한다고 했는데 그만.

 붕붕아, 놀랬지? 놀라게 해서 내가 미안해. 그러잖아도 날씨가 좋아 막 터지려는 참이었거든. 우리 조상들은 어떻게 하면 씨앗들을 멀리 보낼까 궁리를 했단다. 애써 만든 씨앗을 널리널

리 날려 보낼 수만 있다면 얼마나 좋을까 하고 말야. 그래서 우리의 꼬투리는 씨앗이 완전히 익으면 터지도록 되어 있단다. 터지는 순간 씨앗들이 날아오르도록 말이야. 우리들이 왜 담벼락이나 길가에 자라는 줄 아니? 길가는 동물이나 사람, 그것도 아니면 바람이 지나가는 곳이잖아. 동물이 지나가면서 우리의 씨앗주머니를 건드려 주면 우리는 멀리 씨앗들을 보낼 수 있을 거라 생각했지. 그러니 내가 붕붕이 너에게 고마워해야지. 사람들은 우리들의 꽃말을 "나를 건드리지 마세요"라고 하는데, 사실 정반대야. 우리는 우리의 열매 꼬투리를 건드려 줄 방문자라면 언제든지 환영한단다.

🌼 그래, 붕붕아. 뜻하지 않게 좋은 일을 했구나.

🐝 정말 깜짝 놀랐어요. 위에 있는 꽃과 이야기를 마치고 날아오르려다가 다리가 저려 잠깐 비틀거린 것이 그만……. 너무 갑자기 일어난 일이라 정말 아찔한 느낌이었어요. 열매가 탁 터지면서 순식간에 도르르 말리더라고요.

🌼 그래, 모르고 한 일이긴 하지만 아무튼 좋은 일을 했구나. 어쨌거나 조심은 해야지.

열매와 씨앗은 어떻게 다른가요

🌼 이왕 얘기가 나왔으니 우리 친구들에게 열매 이야기를 해야겠구나. 네가 한가하니까 불안해서 안 되겠다. 언제 위험한 사고를 칠지 모르니까.

🐝 좋아요. 차라리 바쁜 것이 더 나은 것 같아요. 빨리 시작해요.

🌼 자, 우선 열매와 씨앗을 구분해 보자. 붕붕아, 네가 알고 있는 씨앗은 어떤 것이 있을까?

🐝 솔씨, 민들레씨앗, 봉숭아씨…… 봉숭아씨는 좀전에 보았잖아요.

🌼 와, 빠른걸.

🐝 그리고 사과씨, 앵두씨…….

🌼 그래, 좋아. 그럼 열매는?

🐝 사과, 배, 복숭아…… 어?

🌼 뭔가 뒤섞였다는 느낌이 들지 않니?

🐝 예, 그래요.

여러분은 어떠세요? 씨앗과 열매의 차이가 어렴풋이라도 느껴지나요? 역시 고개를 갸우뚱하는군요. 사과라는 열매 속에는 사과씨가 있습니다. 수박 속에는 수박씨가 있지요. 그런데 민들레씨앗과 봉숭아씨앗, 소나무의 씨앗은 맛난 열매 속에 있지 않습니다.

열매들을 잘라 보았어요

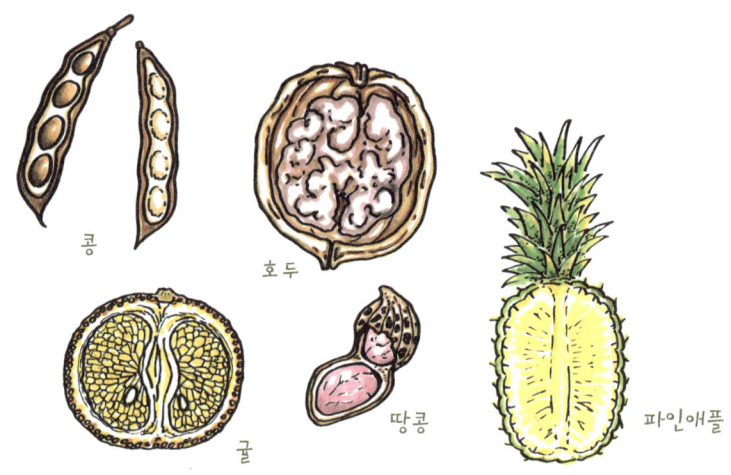

먼저 씨앗을 두 가지로 나누어 보겠습니다. 맛있는 열매 속에 들어 있는 씨앗과 그렇지 않은 것으로 말입니다.

씨앗은 씨방 속에서 만들어집니다. 거의 모든 꽃들이 다 그렇지요. 그리고 씨앗은 모양은 서로 다르지만 공통적으로 씨앗을 싸고 있는 껍질과 씨앗을 채운 배젖, 그리고 그 속의 진짜 어린 싹인 배로 이루어져 있습니다.

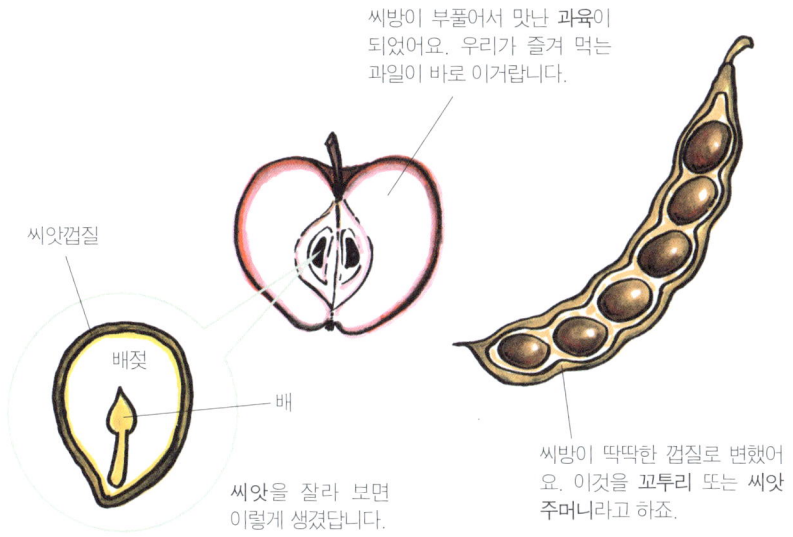

　열매는 씨방이 부풀어서 된 것입니다. 씨앗을 품은 씨방의 벽이 점차 두꺼워지면서 씨앗을 감싸게 되는데, 씨방이 부풀어서 씨앗을 포장하는 방법은 꽃들마다 다릅니다.
　우선 맛난 과육을 만들어 씨앗을 감싸는 방법이 있죠. 씨방은 아주 크게 부풀고 그 속은 달고 향기로운 물질들로 채워집니다. 이것이 바로 사과나 배와 같은 과일의 정체죠. 흔히 우리가 열매라고 할 때는 이런 과일들을 가리킵니다.
　이와는 달리 씨방이 단순히 씨앗만 감싸는 딱딱한 껍질로 변하는 것이 있습니다. 진달래나 철쭉, 무궁화, 콩 같은 것들이죠. 이렇게 씨방이 딱딱한 껍질로 변한 열매를 특히 꼬투리 또는 씨앗 주머니라고 한답니다.

열매나 씨앗주머니의 모양이 서로 다른 것은 꽃들마다 씨방의 모양이 서로 다르기 때문입니다. 큰 방에서 많은 씨앗이 품어지기도 하고 각자의 방을 만들어 씨앗을 품어 주기도 하거든요. 여러분이 알고 있는 열매나 씨앗주머니를 당장 한번 살펴보세요. 어렵고 복잡하겠지만 여러분이 꽃잎을 분리하고 꽃차례를 구분하던 끈기만 가지고 있다면 못 할 일은 아니죠.

 와우, 생각만 해도 입에 군침이 돌아서 도저히 못 버티겠어요. 저 좀 다녀올게요.

 붕붕아, 너는 어떻게 먹는 것 얘기만 나오면 정신을 못 차리니?

 뭐라고 비난하셔도 상관 없어요. 맛있는 것만 먹을 수 있다면요. 그럼 저는 이만 실례.

여러분도 군침이 도는군요. 하지만 조금만 참으세요. 곧 열매 이야기는 끝이 나니까요.

소나무의 씨앗은 어떻게 생겼는지 여러분은 알고 있나요? 아뇨, 그건 솔방울이에요. 물론 솔씨는 솔방울 속에 있답니다. 초록색의 어린 솔방울이 익으면서 벌어집니다. 그 벌어진 솔방울의 조각 하나를 떼어 보면 그 안쪽에 솔씨가 붙어 있지요. 솔씨는 자신을 감싸 주는 열매나 꼬투리 대신 솔방울의 비늘 같은 조각에 붙어 있는 것입니다. 소나무는 씨방이 없는 겉씨식물이라는

앵두

것을 여기서도 확인할 수 있지요.

 이런 겉씨식물로는 소나무말고도 주목이나 은행나무가 있습니다. 그런데 이 나무들은 마치 앵두나 체리 같은 열매를 맺지요. 그러나 앵두의 붉은 과육은 씨방이 부풀어서 된 것이지만 주목이나 은행의 물렁한 과육은 바로 씨앗을 싸고 있는 씨앗껍질이 부풀어서 된 것입니다. 놀랍지 않아요? 그러니 주목 열매의 과육과 앵두의 과육은 성질이 완전히 다른 거지요.

주목 열매

은행

씨앗을 멀리 보내야 해요

꽃천사님, 도와 주세요.

붕붕이가 또 무슨 일을 저지른 모양입니다. 정말 하루도 조용한 날이 없군요.

무슨 일이니, 붕붕아? 아니, 네 입이 왜 그 모양이야? 시퍼렇게 멍도 들고, 퉁퉁 붓기까지. 이리 와 봐. 내가 봐 줄게.

아얏, 조심하세요. 가시가 있다고요.

말을 하는 것을 보니 별일은 아닌 것 같은데.

제발 저 좀 살려 주세요.

너, 뭘 잘못 건드렸구나. 하얀 털이 박힌 것을 보니 복숭아를 건드린 것 같은데.

어떻게 아세요?

너, 복숭아 열매의 단물을 빨아먹으려고 아직 익지도 않은 복숭아를 건드렸지?

우와, 정말 도사네.

붕붕아, 왜 복숭아는 씨방을 부풀려 맛난 열매를 만들까? 열매는 씨앗에게 꼭 필요한 것도 아닌데 말이야.

아픈데 힘들게 말 시키지 마세요.

그래, 알긴 알지만 힘들어서 말을 못 한단 말이지?

　여러분은 알고 있나요? 꽃이 피고, 씨앗이 만들어지고, 열매가 열리고……. 이제 마지막 한 가지만 남았습니다. 바로 애써 만든 씨앗을 멀리 보내는 일입니다. 꽃들은 움직일 수가 없잖아요. 그러니 자손을 널리 퍼뜨리기 위해서는 누군가가 씨앗을 옮겨 주어야 한답니다. 그래서 꽃들은 여러 가지 방법을 고민했지요. 여러분이라면 어떤 방법을 택하겠어요? 비행기? 자동차? 아니면 여러분이 직접 운반하겠어요?

　자, 이제 꽃들이 발명한 것들을 살펴보도록 해요. 기발한 아이디어들이 아주 많답니다.

씨앗에 날개옷을 입혀요

우선 씨앗에 날개를 다는 방법입니다. 민들레의 씨앗에는 하얀 솜털이 마치 비행접시처럼 달려 있어 바람을 타고 멀리까지 이동할 수 있습니다. 국화꽃의 흰 솜털 역시 마찬가지죠. 목화씨를 감싸고 있는 흰 솜은 우리에게 중요한 옷감을 주기까지 하고요.

흰 솜털날개뿐 아니라 씨앗의 위쪽에 전문 날개를 달기도 해요. 단풍나무의 씨앗은 멋진 날개가 달려 있어 마치 헬리콥터처럼 날아갈 수 있답니다.

솜털옷은 가벼워서 바람을 잘 탈 뿐만 아니라 뭔가에 잘 달라붙기도 해요. 또한 물이 있는 곳에서는 물기를 빨아들여 씨앗이 싹을 틔우는 데 도움을 주기도 합니다.

단풍나무[단풍나무과]   쇠물푸레[물푸레나무과]

헬리콥터처럼 씨앗에 멋진 날개가 달려 있어요

멀리뛰기를 해요

두 번째 방법은 씨앗을 멀리 튕겨 버리는 것입니다. 봉숭아 사건을 기억하세요? 열매가 바싹 마른 꼬투리처럼 되는 것들은 대부분 튀어오르는 힘으로 씨앗을 멀리 쏘아 보내는 무리입니다. 콩깍지 속의 콩, 깨꼬투리 속의 깨, 나팔꽃의 꼬투리 등이 이 방법을 씁니다.

시골에 가 보면 아직 익지 않은 깨를 미리 거두어서 한 곳에 모아 둔 것을 본 적이 있을 거예요. 햇볕에 한참을 말린 후 큰 자리를 깔고 깨를 바닥에 후려치면서 깨를 털어내지요. 만약에 깨를 미리 거두지 않고 놓아 둔다면 가을 햇살에 꼬투리가 말라 터지면서 깨는 사방으로 흩어져 버릴 거예요. 그러면 농부들은 큰일 나겠지요. 또 여름 햇살이 아주 뜨거운 날, 무궁화의 씨앗 깍지는 뜨거운 열기로 터져 버려 씨앗은 온데간데없이 빈 깍지만 남아 있지요.

완두콩(콩과) 꼬투리   들깨(꿀풀과) 꼬투리   무궁화(아욱과) 꼬투리

슬쩍, 실례해요

뱀무[장미과]

세 번째는 남의 몸에 슬쩍 씨앗을 묻혀 보내는 것입니다. 여러분은 혹시 산에 갔다 오면 바짓가랑이에 뭔가 잔뜩 묻어 있는 것을 본 적이 있지 않나요? 손으로 떼어 내려 해도 진득거리는 것이 묻어 나오며 잘 떨어지지 않습니다. 여러분이야 짜증이 나겠지만 식물 입장에서 보면 성공적으로 이동을 한 셈입니다. 바지를 햇볕에 잘 말리면 진득거리던 씨앗이 바싹 마르면서 저절로 떨어져 나갑니다. 이처럼 여러분이나 동물의 허락 따위는 아랑곳없이 몰래 슬쩍 묻히는 방법을 쓰는 것이죠. 도둑놈의갈고리, 짚신나물, 뱀무 등이 이 방법을 씁니다. 이들은 주로 사람이나 동물이 다니기 좋은 길가에 자라는데, 씨앗에는 잘 달라붙을 수 있는 돌기 같은 것이 발달하여 있습니다.

미국가막사리[국화과]

158

맛있는 열매를 만들어요

줄딸기[장미과] 열매

　마지막으로 여러분이 제일 좋아할 방법입니다. 바로 맛있는 열매를 만들어 짐승이 먹도록 해서 씨앗을 운반하는 거죠. 얘기만 들어도 벌써 향기가 나는 것 같지 않나요? 씨앗을 맛있는 과육으로 감싸 열매를 만들면 이것을 먹고 싶어하는 동물이 많아요. 붕붕이 역시 무리를 좀 하기는 했지만 마찬가지입니다.

　씨앗은 딱딱한 껍질에 싸여 있어 소화되기가 힘듭니다. 그래서 동물의 배 속으로 들어간 씨앗은 그대로 배설되어 땅으로 떨어지지요. 열매 가운데 유난히 빨간색이 많은 것도 바로 새를 유혹하기 위해서입니다. 새는 날개가 있어 꽤 멀리까지 이동할 수 있잖아요. 그리고 새는 이빨이 없어 열매 속의 씨앗을 깨물지 못하고 그대로 삼켜 버리므로, 꽃들은 새들이 좋아하는 빨간 과육으로 씨앗을 포장한 것입니다.

남천[매자나무과] 열매

그럼 복숭아는 왜 흰 털을 만들어서 붕붕이를 골탕먹였을까요? 붕붕이가 무리한 욕심을 부려서 그럴까요?

열매 속의 씨앗이 완전하게 성숙하기 위해서는 시간이 필요합니다. 그러니 씨앗이 완전히 익기도 전에 열매를 따먹으면 곤란하겠죠. 그래서 씨앗이 익을 동안 열매는 눈에 띄지 않는 초록색을 띠며, 단맛 대신 쓰고 고약하거나 신맛을 냅니다. 어떤 것은 배탈이 나는 독한 물질을 만들기도 하고요.

그뿐이 아닙니다. 어떤 열매는 너무 딱딱해서 먹기도 곤란할 뿐 아니라 가시 같은 솜털을 가지고 있기도 합니다. 모두가 씨앗이 익을 동안 기다리라는 표시죠. 시간이 지나면서 열매는 붉게 익고 맛난 향을 풍기며, 단물이 줄줄 흐르면서 가시는 떨어져 나갑니다. 알겠니, 붕붕아? 모든 것은 때가 있는 법이야.

여러분은 꽃들을 위해 무엇을 했나요? 열매를 먹을 자격을 갖출 만한 일을 하였나요? 만약 아니라면 한 가지 꼭 해야 할 일이 있군요. 맛난 열매를 먹을 때는 씨앗을 멀리 뿌려 주세요. 바로 꽃들이 바라는 일이거든요. 그런 마음이라면 여러분은 충분한 자격이 있습니다. 그렇지만 숲의 열매는 숲의 동물들이 먼저 먹게 하는 것, 잊지 마세요.

산사나무[장미과]

이제 꽃들은 자신들이 해야 할 임무를 모두 마쳤습니다. 꽃들이 만든 씨앗으로 우리는 영원토록 꽃을 볼 수 있게 되었어요. 꽃들의 노고에 우리 모두 박수를 보냅시다. 짝짝짝!

제6편 꽃달력을 만들어요

붕붕아, 뭘 그리 열심히 하고 있니?

고객 명단을 만들고 있어요.

고객 명단?

예. 꽃들이 하도 많아서 잘 정리하려고요. 그래야 때를 놓치지 않고 잘 이용하지 않겠어요?

그거 좋은 생각인데? 그래, 어떻게 정리했니?

제가 가만히 생각해 보니까 꽃들마다 피는 순서가 정해져 있더라고요.

그래? 어디 내가 한번 봐 줄까?

🐝 어허! 무슨 말씀을. 이건 분명 제 사업의 노하우인데, 안 될 말씀!

🌼 우리 사이에 그러기야? 나야 뭐, 아쉬울 거 없지만 너는 경우가 다를걸.

🐝 무슨 말씀이세요?

🌼 너, 9월 고객 명단이 많이 비어 있을 텐데. 그리고 3월에도 네가 모르는 얼마나 많은 고객이 숨어 있는 줄 아니?

🐝 어, 정말이요?

🌼 물론이지. 그러니 나한테 얘기해서 손해 보는 일보다는 도움이 될 일이 많을걸!

🐝 우헤, 화났어요? 사실은 다 하고 나서 보여 드릴 참이었어요.

🌼 별로 보고 싶지도 않아. 아함~ 새로 이사온 꽃에게 인사나 하러 가야겠다.

🐝 아이구 왜 이러세요. 제가 잘못했다고요. 여기 있어요.

🌼 진작에 그렇게 나와야지. 어디……. 아니, 생각보다 훨씬 훌륭한걸.

여러분은 언제 무슨 꽃이 피는지 알고 있나요? 5월은 튤립 축제, 6월은 장미 축제, 그리고 9월은 국화 축제……. 아하, 놀이동산의 축제 달력이군요.

가만 생각해 보면 꽃들이 피는 순서가 정해져 있어요. 계절별로 피어나는 꽃의 종류가 다르다는 말이죠. 자, 그럼 붕붕이가 만든 꽃달력을 한번 볼까요?

그런데 꽃들은 어떻게 자기가 피어야 할 때를 알 수 있을까요? 꽃들에게 무슨 시계가 있지는 않을까요? 꽃들이 때를 잘 맞추는 것은 매우 중요합니다. 특히 우리 나라와 같이 사계절이 있어 온도 변화가 심한 나라에서는 더욱 중요하지요.

꽃이 피기 위한 조건

꽃은 함부로 피어나지 않습니다. 식물들이 꽃을 피우기 위해서는 어느 정도 자라야 하죠. 사람도 성장을 해서 어른이 된 후에야 비로소 결혼도 하고 아이도 낳잖아요.

식물의 잎이 만들어지고 줄기가 자라고 하는 생장을 '영양생장'이라 합니다. 반면에 꽃이 피고 열매가 성숙되고 씨앗이 만들어지는 것을 '생식생장'이라 합니다. 영양생장은 끝없이 무한한 생장을 할 수 있습니다. 그러나 생식생장은 한계가 있는 유한 생장입니다. 꽃이 피기 위해서는 무한 생장조직이 유한 생장조직으로 바뀌어야 하는데 대부분의 한해살이풀들은 모든 영양조직이 생식조직으로 바뀌기 때문에 일단 꽃이 피고 나면 더 이상의 생장을 멈추고 죽어 버립니다. 이에 견주어 나무는 영양생장 조직의 일부만이 생식조직으로 바뀌기 때문에 매년 생장을 할 수 있습니다. 그러니 한 포기의 풀이 꽃을 피우기로 결심하는 것이 얼마나 힘든 결단인지 알 수 있습니다. 자신의 모든 것을 씨앗 하나에 맡겨 버리고 희생해야 하니까요.

 ## 대나무는 풀일까요, 나무일까요?

꽃이 피고 나면 죽어 버리는 것은 한해살이풀의 특징입니다. 꽃이 피기 위해서는 줄기 끝의 생장이 멈추면서 꽃눈으로 변해야 합니다. 그래서 꽃이 피고 나면 줄기는 생을 마감하지요. 하지만 나무는 생장조직의 일부만이 꽃으로 변하고 나머지는 정상적인 생장을 합니다. 그래서 꽃이 피고도 줄기는 계속 자랄 수 있는 것입니다. 그런데 대나무는 평생에 단 한 번 꽃을 피우고 죽습니다. 이것만 보면 풀의 특성을 가지고 있다고 볼 수 있지요. 대나무가 풀이냐 나무냐 하는 물음은 아주 오래 전부터 있어 왔는데, 여러분은 어떻게 생각하세요? 대나무에 대한 정보를 모아 한번 정리해 보세요.

대나무 무리에 속하는 조릿대의 꽃. 대나무는 평생 단 한 번의 꽃을 피우고 죽습니다.

그럼 꽃이 피어나기 위한 조건을 한번 생각해 볼까요?

먼저 나무에 피는 꽃을 생각해 봐요. 해마다 가지 끝에서는 꽃들이 피어납니다. 꽃이 피어나기 위해서는 꽃눈이 있어야겠지요. 꽃눈은 장차 꽃으로 자랄 눈입니다. 꽃눈의 모양이나 만들어지는 시기, 위치는 나무마다 다르지만 대체로 꽃눈은 봄에서 여름 기간 동안 만들어집니다. 그리고 이 꽃눈은 가을을 지나 겨울 동안 잠을 자고 있다가 봄이 오면 깨어납니다. 이른 봄에 꽃부터 피어나기 시작하는 개나리나 진달래는 모두 지난해 6월에 만들어진 꽃눈에서 핀 것들입니다.

꽃부터 먼저 피어난다고 했지만 보기에 따라서는 반대로 생각할 수도 있습니다. 꽃이 지고 나면 잎이 핍니다. 잎은 열심히 활동하여 꽃눈을 만드는데 꽃눈이 피어날 때쯤에 그만 겨울이 오고 맙니다. 그래서 꽃눈은 겨울이 지나가기를 바라면서 겨울 동안 잠을 자게 됩니다. 봄이 되어 날이 따뜻해지면 꽃눈이 깨어나 꽃을 피우지요. 결국 잎이 피고 난 후 꽃이 피는 셈이 되는군요.

솜털이 보송보송한
목련의 꽃눈

잎이 핍니다.

잎이 열심히 활동하여
꽃눈을 만듭니다.

잎이 지고 겨울이 오면
꽃눈은 겨울잠을 잡니다.

봄이 되면 꽃눈이 깨어나
꽃을 피웁니다.

사실 꽃은 잎 없이는 필 수 없습니다. 왜냐고요? 꽃이 피어나기 위해서는 많은 자원이 필요한데 그 자원을 누가 만들까요? 바로 잎입니다. 잎이 없이는 식물은 아무것도 할 수 없습니다. 식물에게 잎이 없다면 식물도 동물처럼 다른 생물을 먹어야 했겠지요. 잎은 부지런히 양분을 만들어 꽃을 만듭니다. 그러니 잎이 튼튼해야 튼튼한 꽃을 피울 수 있겠지요. 꽃에 따라서는 봄에 잎이 활동을 하고 난 후 그 영양분으로 꽃눈을 만들어 꽃을 피우기도 합니다.

다음으로 풀꽃을 생각해 보아요. 이른 봄에 양지에서 피어나는 민들레를 볼까요? 지난 여름에 땅에 떨어진 씨앗은 겨울이 지나기를 기다립니다. 그래야 안전하니까요. 봄이 오면 싹이 나옵니다. 곧 잎이 만들어지면서 꽃줄기가 올라오지요. 햇살이 따뜻한 봄날, 드디어 민들레는 노란 꽃송이를 피웁니다. 튤립은 어떨까요? 굵은 알뿌리로 겨울을 보낸 튤립은 봄이 오면 잎을 피우고 역

〈민들레〉

어느 여름날, 씨앗이 땅에 떨어집니다.

이듬해 봄이 되면 싹을 틔웁니다.

잎이 만들어지고 꽃줄기가 올라옵니다.

꽃을 피웁니다.

꽃이 지고 홀씨를 날려 보냅니다.

시 꽃줄기를 올립니다. 그리고 5월의 화창한 어느 날, 꽃송이를 열게 됩니다. 가을날 길가에 피어나는 코스모스는 6월이 지나야 싹이 나오는데, 한동안 잎만 무성하다가 가을이 막 다가올 무렵 햇살 같은 꽃을 피웁니다. 또 가을의 여왕 국화는 두껍고 털이 잔뜩 난 잎을 봄부터 피우지만 꽃은 가을이 한창일 때 피어납니다.

〈튤립〉

알뿌리로 겨울을 납니다.

봄이 오면 잎을 피우고 꽃줄기를 올립니다.

꽃을 피웁니다.

〈코스모스〉

땅속에서 겨울을 난 씨앗은 6월이 지나야 싹을 틔웁니다.

여름 동안 잎이 무성해집니다.

어느 가을날, 햇살 같은 꽃을 피웁니다.

낮과 밤의 길이를 알아야 해요

이처럼 나무에서 피는 꽃에 견주어 풀꽃들이 피어나는 시기는 아주 다양합니다. 아마도 꽃들도 자기 나름대로 계절을 판단하는 기준을 가지고 있는 모양입니다.

식물은 일단 꽃을 만들기 전에 충분한 영양생장을 합니다. 어느 정도 성장이 이루어지고 그 식물이 원하는 조건이 되면 꽃을 만들게 됩니다. 식물이 원하는 조건이란 바로 자신에게 알맞은 낮과 밤의 길이입니다.

봄과 여름과 가을은 낮 길이가 서로 다릅니다. 봄이 되면서 낮 길이가 서서히 길어지는 반면 밤의 길이는 짧아집니다. 여름은 밤과 낮의 길이가 대체로 비슷합니다. 가을이 되면 반대로 낮의 길이는 짧아지기 시작하고 밤의 길이는 서서히 길어지기 시작합니다.

식물들의 몸 속에는 낮의 길이를 재는 시계가 들어 있습니다. 바로 '파이토크롬'이라는 것이죠. 이것은 빛을 느끼는 색소입니다. 파이토크롬이 빛의 양을 정확하게 측정하여 낮과 밤의 길이 비율을 알 수 있다니 정말 놀랍지 않아요?

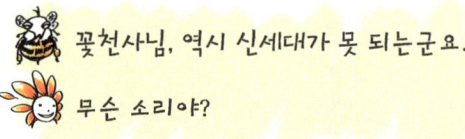

꽃천사님, 역시 신세대가 못 되는군요.
무슨 소리야?

🐝 요즘에는 겨울에도 장미가 피고 봄에도 국화가 피어요. 계절 파괴 현상이 유행인 것 모르세요?

🌼 그렇구나. 하긴 가을의 대표 꽃인 국화를 사계절 내내 볼 수가 있으니.

꽃이 좋아하는 계절만 안다면 여러분도 얼마든지 꽃 피는 시기를 조절할 수 있어요. 장미는 낮 길이가 길어야 피어나는 꽃이에요. 그래서 겨울에는 온실에 불을 밝혀 인공으로 낮을 길게 만들어 준답니다. 가을날 피어나는 국화는 온실에서 낮 동안 빛을 가려 주면 봄에도 꽃을 피웁니다. 한 마디로 꽃들을 속이는 거죠.

하지만 꽃의 여왕 장미는 5월이 제격이지요. 또, 가을날 푸른 하늘을 배경으로 하늘색 들국화를 꽃병에 담아 창가에 놓아 두면 정말 멋져요. 신세대가 아니어도 좋아요. 저는 봄에는 봄꽃이, 가을에는 가을꽃이 좋아요.

꽃이 피어나기 위해서는 특수한 신호 물질이 필요해요. 자기가 좋아하는 계절이 되면 식물은 꽃을 피우라는 신호를 보내게 돼요. 바로 '플로리겐'이라는 호르몬이죠. 정말 꽃향기가 묻어나는 이름 아녜요? 꽃이라는 뜻의 영어 단어 '플라워(flower)'와 흔히 호르몬 이름에 붙이는 '-겐(-gen)'이라는 말이 합쳐진 말이에요. 그러니까

'꽃을 피우는 호르몬'이란 뜻이 되는군요. 파이토크롬이 계절을 감지하여 때가 맞으면 플로리겐이 만들어지면서 꽃잎을 피우도록 합니다. 플로리겐은 줄기의 끝에서 만들어져 꽃눈으로 이동하지요.

그런데 플로리겐은 밤에만 활동을 시작해요. 아무도 방해하지 않는 밤의 어둠 속에서 꽃을 피우기 위한 비밀스런 일을 진행시켜요. 이 플로리겐은 매우 민감하기 때문에, 만일 전등을 켠다든지 해서 플로리겐을 놀라게 하면 제대로 만들어지지 않아요. 여러분이 어둠을 이용해 꽃을 피우고자 할 때는 특히 이 점에 주의해야 한답니다.

꽃잎이 운동을 해요

 어흠, 이제 저는 새로운 직업을 구하겠어요.

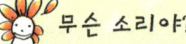 무슨 소리야?

 저도 벤처 사업가가 되겠어요.

 벤처 사업가? 네가 무슨 수로?

 플로리겐을 마음대로 조절할 수 있는 물질을 만들겠어요. 그래서 언제든지 원하는 때에 꽃을 피울 수 있도록 말예요. 아, 오해는 마세요. 바로 우리 친구들을 위해서 그래요. 특별한 파티가 있는 날에 맞추어 좋아하는 꽃을 마음대로 피울 수 있을 테니깐요.

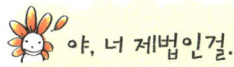 야, 너 제법인걸.

서당개 삼 년이면 풍월을 읊는다잖아요.

사람들이 만든 꽃 가운데 그런 꽃이 있지. 가지치기를 하면서 꽃눈이 만들어져 정확하게 45일 후에 피어나는 장미가 있단다. 그래서 정원에서 장미 파티를 하고 싶을 때는 45일 전에 미리 가지치기를 하고 초대장을 보내는 거야. 뿐만 아니라 사람들은 꽃이 피는 기간을 훨씬 길게 만들기도 했단다. 하지만 너에게는 잠을 줄이는 약이 필요할걸.

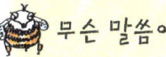 무슨 말씀이세요?

한창 꽃들이 피어 있을 때 너 같은 잠꾸러기는 손해잖아. 잠을 적게 자야 많은 꿀을 모을 수 있지.

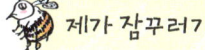 제가 잠꾸러기라고요?

너, 어제 이른 저녁부터 보이지 않던데, 잠자러 간 것 아니었니?

어제라고요? 말도 마세요. 악몽 같은 밤이었어요. 저는 죽는 줄로만 알았으니까요.

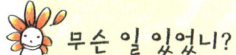 무슨 일 있었니?

이제 튤립 근처에는 얼씬도 하지 않을 거예요. 튤립이 주문을 하기에 찾아갔어요. 주문 내용을 적고 계획을 세우느라 잠깐 생각에 잠겨 있었죠. 그런데 갑자기 하늘이 닫히면서 깜깜해지더라고요. 깜짝 놀라 보니 글쎄, 튤립꽃이 잠이 들고 말았지 뭐예요. 오늘 아침까지 꼼짝없이 갇혀 있었어요.

어쨌거나 좋아하는 잠은 실컷 잤겠네.

여러분은 그런 경험 없으세요? 활짝 피어 있던 꽃잎이 밤이 되자 꼭꼭 닫혀 버린 일 말이에요. 대부분의 꽃잎들은 일단 피어나면 시들 때까지 피어 있지만 몇몇 꽃들은 아침 저녁으로 피었다 지곤 한답니다. 튤립꽃과 연꽃은 아침이면 꽃잎을 활짝 폈다가 오후가 되면서 꽃잎을 점점 닫기 시작해 저녁이면 완전히 닫아 버려요.

나팔꽃[메꽃과]

또한 하루 중에 꽃이 피어나는 시간이 서로 다르기도 해요. 나팔꽃은 아침 일찍 피었다가 한낮이 되면 시들어 버리는 반면 달맞이꽃이나 박꽃은 한밤중에만 피어나요. 또 해바라기꽃

박[박과]

은 하루종일 햇님을 따라 머리를 움직이는데, 빛에 따른 일종의 운동이라고 생각하면 됩니다.

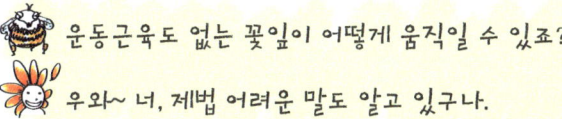

운동근육도 없는 꽃잎이 어떻게 움직일 수 있죠?

우와~ 너, 제법 어려운 말도 알고 있구나.

꽃잎이 움직이는 것은 세포의 변화 때문이죠. 세포란 생물의 몸을 이루는 가장 작은 단위를 일컫는 말인데, 예컨대 우리 몸은 약 60조 개의 세포로 이루어져 있답니다. 그러니 세포가 얼마나 작은지 상상할 수 있겠죠? 얇아 보이는 꽃잎이지만 꽃잎도 여러 겹의 세포층으로 이루어져 있습니다. 꽃잎이 운동을 하는 것은 꽃잎을 이루는 세포들의 생장 속도가 다르거나 세포층 사이로 물이 드나들기 때문에 일어나는 현상이죠.

튤립꽃은 한낮이 되면 꽃잎 안쪽의 세포가 성장을 하면서 크기가 늘어납니다. 그래서 꽃잎이 바깥쪽으로 벌어지죠. 반대로 밤이 되어 온도가 낮아지면 바깥쪽의 세포가 성장하여 꽃잎이 오므라듭니다.

튤립은 밤이 되면 꽃잎이 오므라듭니다.

나팔꽃은 아침이면 꽃잎이 물을 머금어 세포가 팽팽해지면서 꽃잎이 벌어집니다. 반대로 낮이 되면 꽃잎의 물기가 꽃 아래쪽으로 빠져 나가 꽃잎이 힘을 잃고 시들면서 닫힙니다. 그래서 나팔꽃이 시들고 난 후 꽃 아래쪽을 보면 꽃잎에서 빠져 나온 물기로 부풀어 있는 것을 볼 수 있습니다.

나팔꽃이 시들고 난 후에는 꽃잎에서 빠져 나온 물기로 꽃 아래가 부풀어 있는 것을 볼 수 있습니다.

많은 꽃들이 활짝 피는 데는 물을 필요로 합니다. 꽃이나 줄기의 세포 속이 물기로 가득 차야만 제 모습이 유지되거든요. 물론 나무의 꽃들은 딱딱한 가지가 잘 받쳐 주고 있어 안심이 되지만 그렇지 못한 풀꽃들은 물의 힘으로 제 모양이 유지된다고 보아야 합니다. 그러니 어머니께서 사 오신 예쁜 시클라멘의 꽃을 싱싱하게 보기 위해서는 아침마다 물을 한껏 주어야 합니다.

꽃이 수명을 다하고 시드는 것은 꽃잎 속의 양분이 분해되어 열매나 잎으로 이동하기 때문입니다. 백합의 꽃잎이 시든 이유를 생각해 보세요.

꽃시계도 있어요

꽃들의 계절적 변화를 알아 두는 것도 중요하지만 하루 중에 피는 시간을 알아 보는 것도 재미있습니다. 꽃들 가운데는 하루 중에 피어나는 시간이 독특한 것들이 있어요. 아마 꽃들마다 취향이 다른가 봐요.

이른 새벽이 밝아 오면 나팔꽃이 피어납니다. 그래서 나팔꽃에는 영어로 '아침의 영광'이라는 뜻의 '모닝 글로리(morning glory)'라는 이름이 붙었습니다. 짙은 보라색의 닭의장풀 역시 부지런하기는 마찬가지입니다. 새벽 5~6시면 피어나거든요. 또 흰민들레는 오전 10시쯤에 피어납니다. 한낮이 되면 여뀌가 작은 꽃송이를 피웁니다. 선인장 역시 한낮이 되어야만 피어납니다. 패랭이꽃은 오후 1시나 되어야 피어납니다. 잠꾸러기라 하기에는 너무 늦은 시각이지요. 분꽃은 오후 3시나 되어야 핍니다. 저녁 나들이 나가는 여인네를 위한 것인가 봐요. 괭이밥 역시 오후에 한가로이 피어납니다. 그러다 저녁 찬바람이 불면 이제 달맞이꽃이 노란 꽃망울을 터뜨립니다. 달맞이꽃의 일상은 낮이 아닌 밤에 이루어집니다. 이 꽃들을 이용해 예쁜 꽃시계를 만들어 봐요.

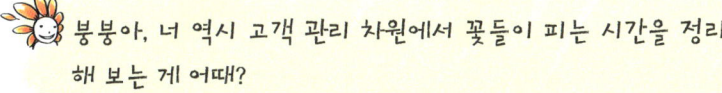
붕붕아, 너 역시 고객 관리 차원에서 꽃들이 피는 시간을 정리해 보는 게 어때?

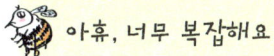
아휴, 너무 복잡해요.

끝인사

자, 붕붕아. 지금까지 나와 꽃 이야기를 하는 동안 재미있었니? 너에게도 좋은 경험이 되었기를 바라는데.

예, 저는 이제까지 꽃에 대해 꿀 이외의 생각은 별로 하지 못했어요. 그런데 지금 생각해 보니 꽃들이 얼마나 속상했을까 알 수 있을 것 같아요. 꿀만 가져오고 꽃가루도 그냥 제가 먹어 버리곤 했거든요. 하릴없이 꽃들을 찾아가 윽박지르기도 했고요.

이제부터가 중요하지. 알고도 계속 짓궂게 군다면 그것이야말로 가장 나쁘지 않겠니? 하지만 너무 미안해하지는 마. 너 같은 벌이 어디 너뿐이겠니? 현명한 꽃들은 이미 눈치를 채고 대비책을 만들어 놓았을 테니까. 그렇지 않았더라면 우리가 지금 이처럼 다양한 꽃들을 볼 수 없었을지도 몰라.

여러분은 어떠세요? 혹시 붕붕이처럼 아무 생각 없이 꽃을 괴롭히지는 않았나요? 하지만 이제 여러분은 꽃이 얼마나 중요한 일을 하는 기관이며, 꽃을 위해 식물이 얼마나 많은 공과 노력을 기울이는지 알았을 거예요. 꽃은 식물의 희망입니다. 마치 여러분이 우리 인간의 희망인 것과 마찬가지로.

이제 예전보다 꽃에 대한 더 깊은 사랑이 생겼나요? 꽃이 정말 아름다운 이유를 스스로 설명할 수 있을까요?

저도 꽃 이야기를 하는 동안 무척 행복했습니다. 여러분과 붕붕이와의 추억을 길이 간직하도록 해야겠어요. 그래서 추억의 화판을 만들 거예요.

여러분, 안녕!

 추억의 화판을 만들어요

여러분만의 추억이 살아 있는 화판을 만들어 보세요. 커다란 코르크 판자에 예쁜 색상의 한지를 붙이세요. 가장자리는 여러분이 만든 꽃 왕관으로 장식하세요. 여러분이 만든 꽃다발도 한쪽 위에 걸어 두세요. 여러분이 좋아하는 꽃사진도 붙이세요. 여러분의 멋진 사진도 붙이고 좋아하는 친구, 그리고 사랑하는 부모님의 사진도 붙이세요. 꽃으로만 장식하면 심심하니까 초록색의 예쁜 잎, 그리고 단풍잎과 열매도 함께 장식하세요. 싫증이 나도 상관없어요. 바꾸어 버리면 되니까요. 어때요? 제가 만든 화판을 한번 보여 드릴까요?

찾아보기 · **181**

식물 이름

가시나무 28
갈대 50
갈풀 50
강아지풀 50
개나리 20, 34, 53, 54,
　70, 95~97, 132, 164,
　167
개불알꽃 47
개암나무 71
거머리말 129
거울난초 113
게발선인장 18
겹벚나무 47
계수나무 28
고깔제비꽃 41
고사리 128
골담초 45
괭이밥 177, 178
괴불나무 140
구상나무 28, 34
국화 34, 51, 52, 68, 69,
　73, 74, 117, 143,
　156, 163, 164, 169,
　171
그령 50
금강제비꽃 41
금계국 98
금붓꽃 43

까치수영 76
꼬리조팝나무 116
꽃개회나무 70
꽃창포 72, 92
꿀풀 56, 120, 143
꿩의다리 77
나도송이풀 56
나무수국 98
나자스말 129
나팔꽃 34, 53, 142, 157,
　174, 176~178
난초 34, 46, 58, 118,
　119
남산제비꽃 41
남천 159
냉이 164
노랑무늬붓꽃 43
노랑제비꽃 42
노루오줌 77
단풍나무 156
달맞이꽃 174, 177, 178
닭의장풀 177, 178
당근 78
대나무 166
대추나무 110
댕댕이나무 140
도깨비사초 50
도둑놈의갈고리 158
도라지 54, 55, 110
독활 71

돌꽃 116
돌나물 116
동백나무 47, 125, 164
둥글레 54
드로세라 카펜시스 19
들깨 157
등 44, 45, 76
때죽나무 116
라일락 → 수수꽃다리
라플레시아 112, 113
린네풀 63
마타리 71, 80
매리골드 110
매발톱꽃 64
매실나무 37, 38, 164
멍석딸기 63
명자꽃 40, 146
모감주나무 164
목련 29, 30, 32~34, 57,
　59, 60~63, 69, 70,
　72, 92, 164, 167
목화 156
무 37, 38
무궁화 151, 157
물레나물 89
미국가막사리 158
미국산딸나무 64
미나리 78
미선나무 55
민들레 34, 51, 52, 69,

73, 84, 110, 145, 156, 164, 168
밀 104
박 174
박쥐나무 89
박태기나무 45, 110
밤나무 81, 164
배나무 15, 38
배롱나무 164
배추 38
백당나무 95
백선 71
백합 54, 82, 83, 131, 134, 135, 137, 141
뱀무 158
벌깨덩굴 56
범부채 110
벗풀 37
벚나무 34, 35, 38, 44, 79, 126
벼 48~50, 58, 104
병솔꽃나무 89
복수초 164
복숭아나무 154, 155, 160
봉숭아 120, 137, 147, 157
부겐빌레아 64
부용 89
분꽃 133, 134, 177, 178

불두화 98, 110
붉은병꽃나무 63
붓꽃 34, 43, 44, 72, 92, 109, 110, 121, 164
붕어마름 129
비노리 50
사과나무 38
사람주나무 75
사방오리 28
사시나무 21~23, 26, 27, 81, 92, 103, 144, 145
사철나무 110
산괴불주머니 56
산딸나무 64
산마늘 71
산벚나무 78, 79
산사나무 161
산수국 96~98
산오이풀 75
산조풀 50
삼잎국화 98
삼지구엽초 64
상수리나무 16, 17, 81
샐비어 53, 120
서양민들레 51
서어나무 28
석곡 47
선인장 18, 177, 178
섬초롱꽃 55, 62
소나무 22~26, 32, 91,

92, 103~105, 118, 137, 152, 153
소철 128
속새 128
솔나물 77
솔붓꽃 43, 109
송장풀 56
쇠뜨기푸레 156
수국 78
수련 130
수박 92
수선화 116
수수꽃다리(라일락) 54, 70, 74, 77, 117, 121
술패랭이꽃 109
시닥나무 116
신갈나무 22, 23, 26, 92
쑥부쟁이 98
아그배나무 40
아카시아 44, 76, 77
알록제비꽃 41
애기똥풀 35, 36, 38, 44, 60, 67
앵초 79
얼레지 54, 72, 109, 133
엉겅퀴 73
여뀌 177, 178
연꽃 174
연령초 64
오동 55

오이 92
오이풀 75
옥수수 104
완두콩 34, 157
용담 55
원추리 164
유채 37, 38
은방울꽃 54
은행나무 22~26, 90, 91, 153
음나무 80
이끼 128
인동 140
자귀나무 110
자라풀 37
잔털제비꽃 42
장미 38~41, 44, 47, 59, 60, 62, 92, 110, 117, 146, 163, 164, 171, 173
제비꽃 34, 41, 42, 44, 117
조릿대 50, 166
조팝나무 37, 38, 121
주목 153
죽은말아룸 112, 113
줄딸기 126, 159
쥐똥나무 55, 77
진달래 34, 53, 59, 87, 88, 92, 111, 146, 151, 164, 167
질경이 71, 75
짚신나물 158
찔레꽃 39, 71, 79, 110, 146, 164
차나무 164
참나리 89, 164
참외 92
채송화 89, 137
천남성 82, 83
철쭉 55, 111, 112, 116, 151
초롱꽃 62, 121
칡 143
카네이션 34, 47
칼미아 55
코스모스 164, 169
콩 15, 44, 45, 149~151, 157
털부처꽃 116
토끼풀 71, 73, 84, 120
투구꽃 57
튤립 57, 70, 72, 163, 164, 168, 169, 173~175
팔레놉시스 47
팔손이 80
팥배나무 116
패랭이꽃 47, 109, 177, 178
포도 76
할미꽃 72
함박꽃나무 72
해당화 39, 40, 44
해바라기 68, 69, 121, 174
현호색 55, 56
호박 90~92, 137
호제비꽃 42
홍괴불나무 140
황철나무 28
흑삼릉 50
흰민들레 177, 178
흰젖제비꽃 42

식물 용어

갈래꽃 34, 35, 41, 44, 53, 57, 58
갖춘꽃 31
겉씨식물 25, 27, 152, 153
극핵세포 137, 138
기생꽃 112
꼬리 꽃차례(미상꽃차례) 71, 81
꼬투리(씨앗주머니) 15, 146~148, 151, 152, 157
꽃가루 24, 87, 88, 91,

99, 100~105, 118, 119, 121~123, 125, 127, 129~141
꽃가루관 136~139
꽃가루받이 100, 107, 118, 128, 130~132, 136, 137
꽃눈 167, 168, 172
꽃받침 31, 33, 46, 59, 61~63
꽃밥(수술머리) 31, 33, 87, 88, 109
꽃잎 29~33
꽃차례 70, 120
꿀/꿀샘 31, 111, 118~120, 122~124, 131
단정꽃차례 70, 72
두상꽃차례 71, 73, 74, 82
무성화 74
미상꽃차례 → 꼬리꽃차례
밑씨 25~27
배 137, 138, 150, 151
배젖 137, 139, 150, 151
복산방꽃차례 71, 80
복산형꽃차례 71, 80
산방꽃차례 71, 79
산형꽃차례 71, 78, 79, 97
생식생장 165
설상화 69, 73, 74, 98, 121

속씨식물 26, 27
수꽃 24~26, 28, 34, 81, 90~92, 94, 105, 129, 130, 132
수매화 128, 130
수상꽃차례 71, 75, 81, 82
수술 27, 31, 33, 49, 52, 74, 86~89, 91, 92, 94, 96~98, 100, 121, 125, 131, 132
수술대 31, 33, 87, 88
수술머리 → 꽃밥
수정 135, 137, 141
순형화 56
시체꽃 112
식충식물 19
씨방 26, 27, 31, 49, 88, 89, 91, 135, 138, 150, 151
씨앗 137, 138, 150, 151
씨앗주머니 → 꼬투리
알세포 24, 25, 87, 88, 128, 129, 135, 137, 138
암꽃 24~26, 28, 91, 92, 94, 103, 129, 130, 132
암술 27, 31, 33, 49, 52, 74, 86~89, 91, 92,

94, 96~100, 104, 109, 121, 129~132, 135, 137
암술대 31, 33, 88, 136~138
암술머리 31, 33, 88, 100, 104, 127, 129, 131, 133~136, 138
양성화 92
영양생장 165, 170
원추꽃차례 70, 77
육수꽃차례 82, 83
장식꽃 98
접형화 45
정핵세포 87, 135, 137, 138
제꽃가루받이 132, 134
중복 수정 139
총상꽃차례 71, 76, 77, 83
충매화 106, 107, 130
통꽃 34, 52~58, 68, 69, 73, 74, 120, 121
통상화 69, 74
포 49, 64, 83
포푸리 117
풍매화 103, 104, 132
한해살이풀 165, 166
현화식물 32, 141